SINGER

BIBLIOTECA DE COSTURA M.R.

Labores de Costura para el Hogar

LIMUSA
NORIEGA EDITORES
MÉXICO • España • Venezuela • Colombia

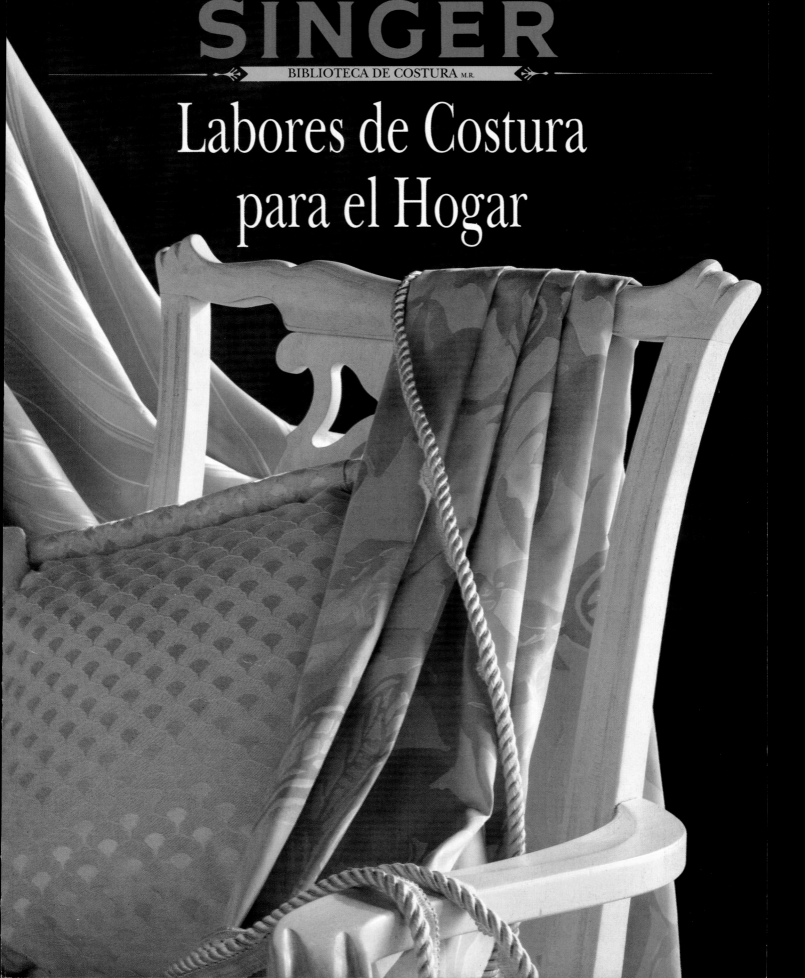

SINGER

BIBLIOTECA DE COSTURA M.R.

Labores de Costura para el Hogar

Contenido

Versión autorizada en español de la obra publicada
en inglés por Cy DeCosse Incorporated con el título de
SEWING PROJECTS FOR THE HOME
© MCMXCI, por Cy DeCosse Incorporated
ISBN 0-86573-262-0
ISBN 0-86573-263-9 (pbk)
ISBN 0-86573-292-2 (pasta dura, versión en español para EE.UU.)
Distributed in the U.S. and Canada by Cy DeCosse Incorporated.
5900 Green Oak Drive, Minnetonka, MN 55343, U.S.A.

CY DECOSSE INCORPORATED
Presidente del Consejo: Cy DeCosse
Presidente: James B. Maus
Vicepresidente ejecutivo: William B. Jones

Creación de: The Editors of Cy DeCosse Incorporated en
colaboración con Singer Education Department. Singer es marca
registrada de la Compañía Singer (EE. UU.) y se
utiliza con autorización.

Versión en español
HERENIA ANTILLÓN ALMAZÁN

Derechos reservados:

© 1994, EDITORIAL LIMUSA, S.A. de C.V.
GRUPO NORIEGA EDITORES
Balderas 95, C.P. 06040, México, D.F.
Teléfono 521-50-98
Fax 512-29-03

Miembro de la Cámara Nacional de la Industria
Editorial Mexicana. Registro número 121

Primera edición: 1994
(10855)
ISBN 968-18-4801-2
ISBN 968-18-4883-7 (serie completa)

Esta obra se terminó de imprimir en marzo de 1994
en los talleres de R.R. Donnelley & Sons Company
Book Group 1145 Conwell Avenue Willard, Ohio,
USA 44888-0002.

La edición consta de 20,000 ejemplares más
sobrantes para reposición.

Lo que puede aprender

Fundas para muebles, páginas 105 a 125.

Si desea redecorar todo su hogar o simplemente coser unos cuantos accesorios para una habitación, *Labores de Costura para el Hogar* le ofrece no sólo la inspiración para hacerlo, sino también instrucciones detalladas paso por paso.

En la sección de *Cómo empezar*, encontrará sugerencias para la planeación de su proyecto, como la manera de coordinar las telas para decorar atractivamente cualquier habitación. Puede aprender a medir las ventanas para confeccionar cortinas y galerías, así como medir las camas para forrar un edredón y coser un rodapié. En esta sección también encontrará ayuda para calcular las cantidades de material, seleccionar telas y la manera de hacer costuras para que casen perfectamente los dibujos de las telas.

En la sección de *Qué hacer con las ventanas*, le mostraremos la forma de confeccionar una diversidad de estilos actuales, a la vez que recibirá información completa respecto a los herrajes y manera de instalarlos. Si desea una cortina con acabados profesionales, intente hacer unas cortinas tipo diligencia o las galerías tipo pañuelo. Si desea un to-

Sobrecamas, páginas 87 a 101.

que muy femenino, con holanes, puede confeccionar galerías en forma de festón mariposa. Ahora bien, si le agrada el
aspecto de los festones, elija los de tipo pañuelo con rosetones de tela, festones sobre bastones forrados, con remates
cubiertos, o festones abolsados con laterales en cascada.
Ahora que si se trata de ventanas con remate semicircular o
paladino, escoja visillos transparentes en semicírculo.

En la sección de *Almohadones* se le presenta una amplia
variedad de ideas, como los almohadones con nudos en las
esquinas, almohadones con rosetón, almohadones enrollados. Aprenda cómo confeccionar y aplicar diferentes tipos
de ribetes y la manera de confeccionar una funda para
almohadón con cierre de cremallera. También se le ofre-
cen ideas para rellenar los almohadones.

Los nuevos estilos para forrar edredones, rodapié para
camas y fundas aparentes para almohadas, aparecen en *Labores para la recámara*. Haga el rodapié circular o uno más
elaborado con festones. Trate de confeccionar una funda
para edredón con ribete gigante o ribetes fruncidos, para
coordinarlos posteriormente con fundas simuladas para almohadas.

Cuando se trata de dar un nuevo aspecto a los muebles
tapizados, es posible lograrlo sólo con las fundas. En la sección de *Fundas para muebles* encontrará las técnicas básicas
para ajustar con alfileres los patrones realizados en tela de
manta, el corte de la tela definitiva, así como la costura de la
funda en sí y la confección de los cojines.

Almohadones, páginas 61 a 85.

Qué hacer para las ventanas, páginas 25 a 59.

7

PS-15

PL-14

PL-15

Cómo empezar

PS-15

Cómo planear su proyecto

Al planear un proyecto, no importa si es grande o pequeño, como primer paso siempre deberá analizar el sitio que va a decorar. Piense en lo que le agrada de ese cuarto y en lo que quiere cambiar. Si es posible, reúna muestras de la alfombra, telas, papel tapiz o pintura que permanecerán en la habitación y llévelas consigo al establecimiento donde vaya a comprar la tela, con el objeto de que le ayuden a coordinar lo viejo con lo nuevo.

Tal vez le convenga hojear diferentes revistas recientes sobre decoración, en busca de ideas que la inspiren para definir los cambios de la habitación. Las ilustraciones la ayudarán a decidirse por un estilo que le agrade. Las habitaciones con varias telas estampadas tienden a parecer más pequeñas y acogedoras. Las habitaciones en las que predominan los colores lisos tienden a parecer mayores e invitan al descanso. Los colores que seleccione también tienen un efecto particular sobre los estados de ánimo. Los tonos brillantes y fuertes son más alegres; los tonos opacos permiten mayor tranquilidad.

Tenga presente que no existe una manera correcta o incorrecta de coordinar el decorado de una habitación. Existen ciertas normas generales que pueden ayudarle a decidir atinadamente, pero lo más importante son los propios gustos y preferencias. Los vendedores o los diseñadores le brindarán sugerencias de gran ayuda, aunque es mejor seguir las inclinaciones propias si las ideas propuestas no nos convencen del todo.

Conozca los distintos tipos de telas para decoración que existen (páginas 16 y 17). Lleve a casa muestras de las telas que escogió, antes de la elección definitiva. Coloque las muestras en los sitios en que piensa utilizarlas en la habitación. Si va a utilizar cierta tela para una galería, colóquela encima de la ventana. No sólo debe ver la tela de día sino también de noche, ya que la luz natural y la artificial modifican la manera en que los colores se adaptan o coordinan con los ya existentes. Deje las muestras en el mismo sitio durante algunos días para cerciorarse de que verdaderamente le agradan. A veces la primera impresión no es definitiva.

Cómo planear los colores y motivos

Cómo planear una decoración coordinada

Al pensar en el estilo que desea darle a una habitación, trate de visualizar los colores y motivos de sus proyectos de costura así como la manera de utilizarlos en dicha habitación. Evite usar cantidades iguales de todas las telas. La tela primaria debe emplearse para dos tercios de los muebles aproximadamente y una tela secundaria para el tercio restante; los toques de color se deben emplear en pequeñas cantidades. El tamaño de las muestras de tela debe estar en proporción con la forma en que piensa usarlas, por ejemplo, muestras grandes para cortinas y pequeñas para los almohadones contrastantes.

Varíe las texturas de las telas dentro de la misma habitación. Las combinaciones de telas nudosas o con cierta textura resultan interesantes cuando se mezclan con telas lisas. Por ejemplo, los visillos transparentes con textura contrastarán con un bastón brillante de latón.

1) Seleccione la tela primaria con algún estampado. Ésta será la tela principal que empleará en dos terceras partes del proyecto de costura en la habitación. El motivo debe coordinar con lo que ya hay, por ejemplo con la alfombra.

2) Ponga ahora la tela secundaria con un dibujo que incluya algunos de los colores de la tela primaria. El motivo secundario se emplea para un tercio del proyecto de decoración en la habitación. La tela listada da buen resultado como patrón secundario, aunque si lo desea, puede utilizar motivos florales o tartanes. Conviene que el tamaño de los dibujos varíe para que difiera del estampado primario.

3) Combine telas contrastantes en pequeñas cantidades. Estas telas pueden presentar un color diferente al de la tela primaria. También puede agregar textura seleccionando telas como el encaje. Algunos estampados parecen tener textura, aunque la tela sea lisa.

4) Seleccione telas de colores lisos para unificar las superficies estampadas y proporcionar cierto descanso visual. Escoja los colores que quiera destacar de las otras telas.

Cómo coordinar telas estampadas

El tartán fue seleccionado como motivo primario, ya que se deseaba un aspecto sobrio. Como motivo secundario se eligió un estampado vistoso para atenuar el aspecto general a la vez que se repiten los colores del tartán. El toque luminoso se logra con la tela a rayas.

Los motivos florales son por tradición el punto de partida para crear un ambiente romántico. El fabricante diseñó un grupo de telas coordinadas que se utilizaron en este plan de decoración. Los colores suaves de los estampados se acentúan con un color liso más brillante.

Los motivos geométricos proporcionan un aspecto más dinámico y contemporáneo. El estampado en estas telas tiene un rico aspecto texturizado a la vez que una interesante mezcla de color. El color liso de la tela contrastante retoma uno de los colores de los estampados y su textura acanalada contrasta con el acabado liso de las telas estampadas.

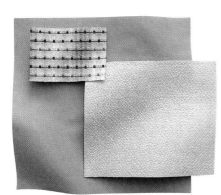

Las telas lisas se utilizaron no sólo para la decoración primaria, sino también para el complemento secundario, lo que imparte un aspecto más pasivo a la habitación. Los colores son compatibles, aunque contrastan. Se aprovechó la textura para dar cierta variedad. Como contraste, se empleó un tejido novedoso que reúne los colores de las telas lisas.

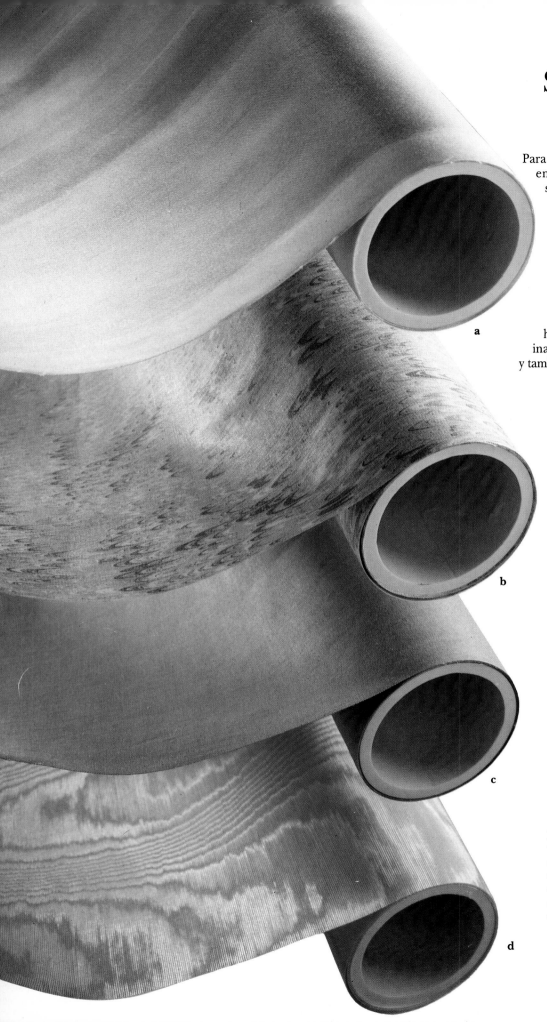

Selección de las telas

Para obtener los mejores resultados en sus proyectos de decoración, seleccione telas especiales para decoración en vez de las telas modernas que se utilizan para prendas de vestir. Las telas para decoración forman pliegues agradables y son más durables que la mayoría de las telas para vestir. Con frecuencia las telas para decoración tienen ciertos acabados que las hacen resistentes a las manchas, inarrugables o resistentes al moho y también para que tengan más lustre

Los satenes (a) se identifican porque el derecho de la tela tiene hilos que le dan un suave brillo. El satén es ligeramente más pesado que el calicó lustroso, los pliegues quedan bien formados y se emplea para muchas labores.

Las telas para sábanas (b) son ligeras o semipesadas, adecuadas para cubrir edredones y confeccionar cortinas plegadas. Por lo general resultan más baratas que el calicó lustroso o el satén, aunque no tan durables.

El calicó lustroso (c) es una tela plana y lisa que se caracteriza por tener un acabado brillante. El acabado no resiste el lavado a máquina y finalmente puede decolorarse o desgastarse.

Los muarés (d) se identifican por un patrón característico de marcas de agua. En general se les asocia con lugares formales. Los muarés de algodón son los más fáciles de coser, porque no se estiran ni pierden su forma al trabajar con ellos.

y estabilidad. No encoja previamente las telas para decoración ya que el lavarlas puede eliminar los acabados, modificar la caída de la tela o deslavar los colores. Se recomienda lavar en seco la labor ya terminada para conservarla con su mejor aspecto. En una sola habitación se pueden utilizar varios tipos de tela, ya que las diferentes texturas brindan interés y variedad a la decoración.

Las telas transparentes (a) son ligeras y dan un toque suave a la decoración de una ventana, ya que permiten que se filtre la luz a la habitación, lo que crea una atmósfera brillante y etérea. Por lo general tienen tejidos planos o texturas similares al lino.

Los encajes (b) se pueden conseguir en multitud de dibujos y pesos, y brindan textura a la decoración de un cuarto. Si se utilizan en las ventanas, dejan pasar la luz. También se pueden emplear para accesorios, como manteles y almohadones.

El dril (c) y las lonas ligeras son tejidos toscos con acabado plano. El peso de la tela va de mediano a pesado; son durables y adecuadas para decoraciones casuales.

Los tejidos novedosos (d) tienen motivos o diseños entretejidos. Aumentan la variedad y el juego de texturas en la decoración de cualquier espacio.

a

b

c

d

Ancho de la cortina terminada o largo del cortinero o tablas de montaje

Marco exterior

Marco interior

Largo de la ventana hasta el antepecho

Largo de la ventana hasta la guarnición

Cómo medir las ventanas

Antes de medir la ventana, le conviene seleccionar el estilo de decoración y los herrajes que va a utilizar. Decida en qué lugar va a colocar la cortina y dónde va a colocar los herrajes, a fin de que pueda medir con exactitud.

Los herrajes, que incluyen el cortinero, soportes para festones y tableros de montaje, pueden ir por dentro o por fuera del marco de la ventana. Si el montaje se hará en el interior, instale los herrajes por dentro de la parte superior del marco de la ventana, a modo de que la moldura quede visible. Si va por el exterior, hay que montar los herrajes por encima del marco de la ventana. Cuando hace esto último, añade altura visual a la decoración de la ventana. Los laterales de las cortinas, ya sean en cascada o sencillos se pueden montar de manera que cubran parte de la pared a los lados de la ventana, lo cual le agrega anchura visual. Si la decoración de la ventana se monta en la pared, quedará más vidrio a la vista, lo que permite que pase más luz.

Las cortinas pueden llegar al antepecho, a la guarnición o al piso. Una buena proporción para galerías y festones es una quinta parte del largo de la ventana, o del largo com-

pleto de la cortina. Las cascadas cubren de uno a dos tercios del largo de la ventana. Evite dividir las cortinas visualmente en dos.

Para determinar el largo de la cortina terminada, mida desde la parte superior del cortinero o tabla para montaje hasta el largo deseado; si la cortina va a tener algún tipo de decoración por encima del cortinero, aumente la medida de la galería a la del largo. Para determinar el ancho ya terminado, mida el largo del cortinero. En algunos casos también es necesario medir el ancho de la cortina hacia la pared o la distancia que la varilla sobresale de la pared.

Para tomar medidas exactas le conviene utilizar una regla plegadiza o metálica. Las cintas de tela o vinilo tienden a estirarse o colgarse. Si va a confeccionar diferentes cortinas para la misma habitación, mida y anote por separado las medidas de cada ventana, aunque aparentemente sean del mismo tamaño.

Cómo medir camas

Si se trata de medir una cama para hacer un edredón o colchoneta, mida la cama encima de los cobertores y sábanas que usará normalmente. Las medidas resultan mayores que el tamaño del colchón, lo que le asegura que la cubierta de la cama tendrá un buen aspecto. Mida el ancho de la cama de lado a lado por la parte superior y el largo desde la cabecera hasta los pies de la cama.

Los edredones o colchonetas cubren de 2.5 a 10 cm (1" a 4") más abajo del colchón por los lados y por el pie de la cama. Determine el largo de la caída del edredón o colchoneta midiendo la distancia desde la cabecera de la cama hasta el lugar donde desea que llegue la orilla inferior de la colchoneta. Por lo general, la caída es de 23 a 30.5 cm (9" a 12"), según la altura del colchón.

Cuando se trate de medir un rodapié, tome la medida desde la parte superior del tambor de la cama hasta el piso, luego reste 1.3 cm ($^1/_2$") para que no se arrastre.

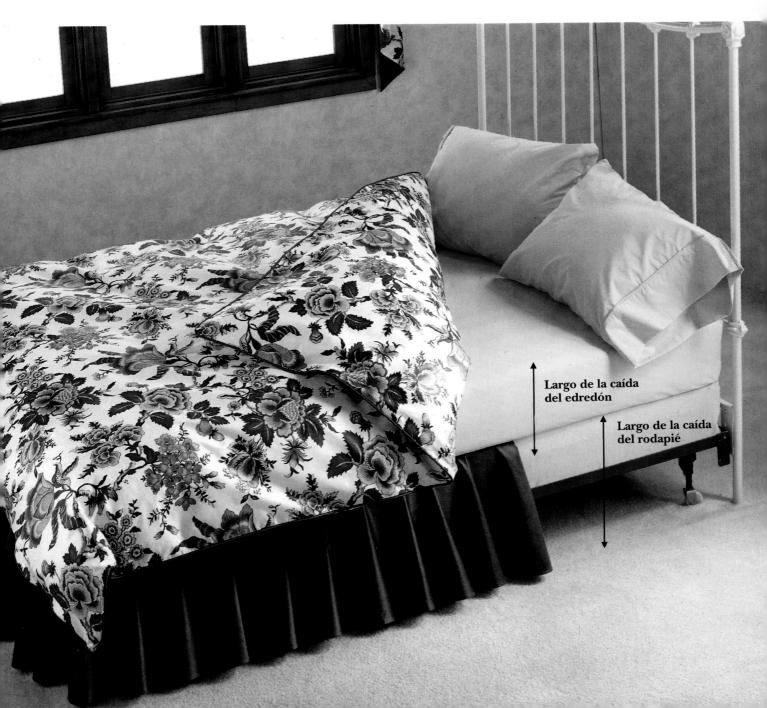

Largo de la caída del edredón

Largo de la caída del rodapié

Cálculo de las medidas

Puesto que las telas tienen diferentes anchos, las cantidades de tela que se requieren para los proyectos de decoración no se determinan hasta que se escoge la tela. Después de tomar las medidas necesarias y determinar el tamaño del proyecto ya terminado, hace falta calcular el largo y ancho de la labor cortada.

Cuando se usan telas que no requieren casar los dibujos, el largo y ancho de la tela cortada se calcula sumando lo necesario para dobladillos, holgura, jaretas, galerías, pestañas para costura y amplitud para lograr el tamaño deseado. Por ejemplo, si va a coser una galería plegada, sume la cantidad de tela necesaria para las jaretas, dobladillo superior y dobladillo al largo terminado. Después sume los dobladillos laterales, pestañas de costura y amplitud al ancho ya terminado. Si es necesario casar los dibujos de la tela, necesita calcular medidas más grandes (página 22). En este libro se incluyen las instrucciones precisas para determinar el largo y ancho correctos de tela para cada proyecto que se presenta.

Con frecuencia un proyecto de decoración requiere más de un ancho de tela. Para determinar el número de anchos requerido, divida el ancho cortado del proyecto entre el ancho de la tela.

Para calcular la cantidad de tela que necesita, multiplique el largo cortado del proyecto por el número de anchos que necesita; ésta es la cantidad total de tela en centímetros (pulgadas). Divida esta medida entre 100 cm (36") para determinar el número de metros (yardas) necesarios.

La galería con jareta para el cortinero (página 38) se confeccionó con una tela listada que se colocó a lo ancho, cambiando la dirección de las franjas. Las listas quedan al hilo de la tela, pero en la galería se acomodaron horizontalmente. Las cortinas no se confeccionaron a lo ancho de la tela, de modo que el hilo longitudinal de la tela va también a lo largo de la cortina.

Cómo acomodar telas a lo ancho

Muchas telas se pueden acomodar a lo ancho o cortarlas de manera tal, que el hilo longitudinal de la tela corra a lo ancho de la labor terminada. Esto es posible cuando el largo cortado es más corto que el ancho de la tela. Este procedimiento se utiliza frecuentemente para cortar tela para galerías, rodapiés y cortinas cortas, lo que permite eliminar costuras y ahorrar tiempo en la confección.

Si la tela tiene algún motivo, cerciórese de que el diseño se puede acomodar horizontalmente. Las flores con tallos, aves y otros diseños direccionales no se pueden acomodar lateralmente. Las telas listadas sí se pueden utilizar así, pero tome en cuenta que las franjas a lo largo de la tela quedarán horizontales.

Para utilizar horizontalmente la tela, la cantidad necesaria se calcula de otra manera. Divida el ancho de la labor cortada entre 100 cm (36") y así sabrá cuántos metros (yardas) de tela necesita. Según el proyecto de que se trate, esta manera de acomodar la tela puede requerir más o menos tela.

Los visillos en semicírculo (página 42) se confeccionan con la tela a lo ancho para evitar las costuras, ya que éstas se notarían por la transparencia de la tela cuando pasa la luz a través de la ventana.

La galería tipo pañuelo (página 36) también se confeccionó a lo ancho de la tela para que no tuviera costuras, lo que desmerecería el aspecto general de la galería.

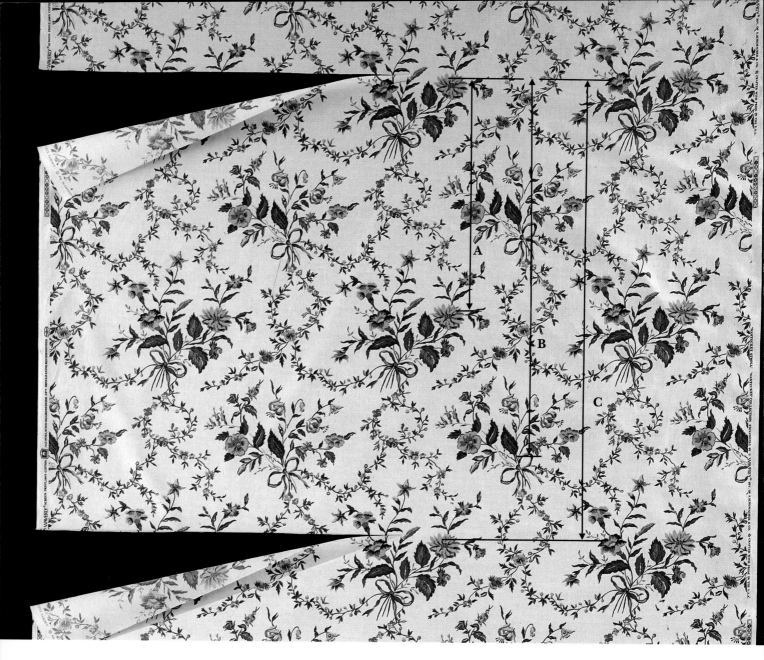

Cómo cortar y hacer coincidir las telas con dibujo

Para obtener resultados profesionales, siempre haga coincidir el dibujo en las costuras. Para lograr esto, casi siempre se necesita más tela.

La repetición del motivo (**A**) es la distancia longitudinal de un punto específico en el dibujo, tal como la punta de un pétalo en especial si se trata de un motivo floral, al mismo punto en la siguiente repetición del dibujo. Algunas telas traen marcas en el orillo (+) que indican el principio de la repetición del motivo y ayudan especialmente si se trata de telas en las que hay varios diseños similares.

Sume las cantidades necesarias para dobladillos, jaretas para cortineros, galerías, holgura, pestañas y amplitud al largo terminado y así saber qué longitud debe considerarse para cada lienzo de tela (**B**). Luego redondee esta medida hasta el siguiente número entero divisible entre el tamaño de la repetición del motivo. Este será el largo de corte (**C**). Por ejemplo, si el motivo (**A**) mide 48.5 cm (19") y el largo acabado más los dobladillos, jaretas para cortineros y otras pestañas de costura (**B**) son de 76 cm (30"), el largo real de corte (**C**) debe ser 96.5 cm (38"). Para que un lienzo coincida con el siguiente, cada uno se debe empezar a cortar en el mismo punto en que inicia la repetición del motivo.

Para calcular la cantidad de tela que va a necesitar, multiplique el largo cortado por el número de anchos de tela que necesita para la labor; auméntele un motivo completo más para que pueda ajustar la colocación del motivo en los largos cortados. Este será el largo total en centímetros (pulgadas). Divida esta medida entre 100 cm (36") para determinar la cantidad de metros (yardas) necesarios.

Cómo casar los dibujos en las telas

1) Acomode las telas por el ancho, derecho con derecho, haciendo coincidir los orillos.

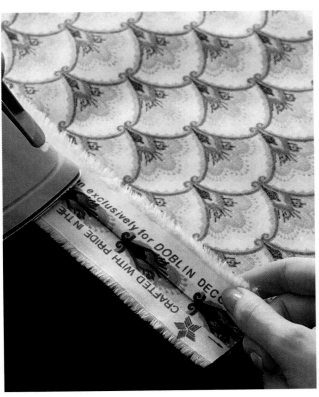

2) Doble el orillo hacia atrás por uno de los extremos hasta que el motivo coincida. Planche ligeramente por la línea del doblez.

3) Desdoble el orillo. Prenda por la línea del doblez y revise desde el derecho la forma como coinciden los dibujos.

4) Ponga de nuevo los alfileres, perpendiculares a la línea del doblez; cosa por la línea del doblez. Recorte los orillos. Corte la tela al largo deseado ya acabado más los dobladillos, jaretas para cortinero y otros márgenes, tal como se calculan en la página opuesta.

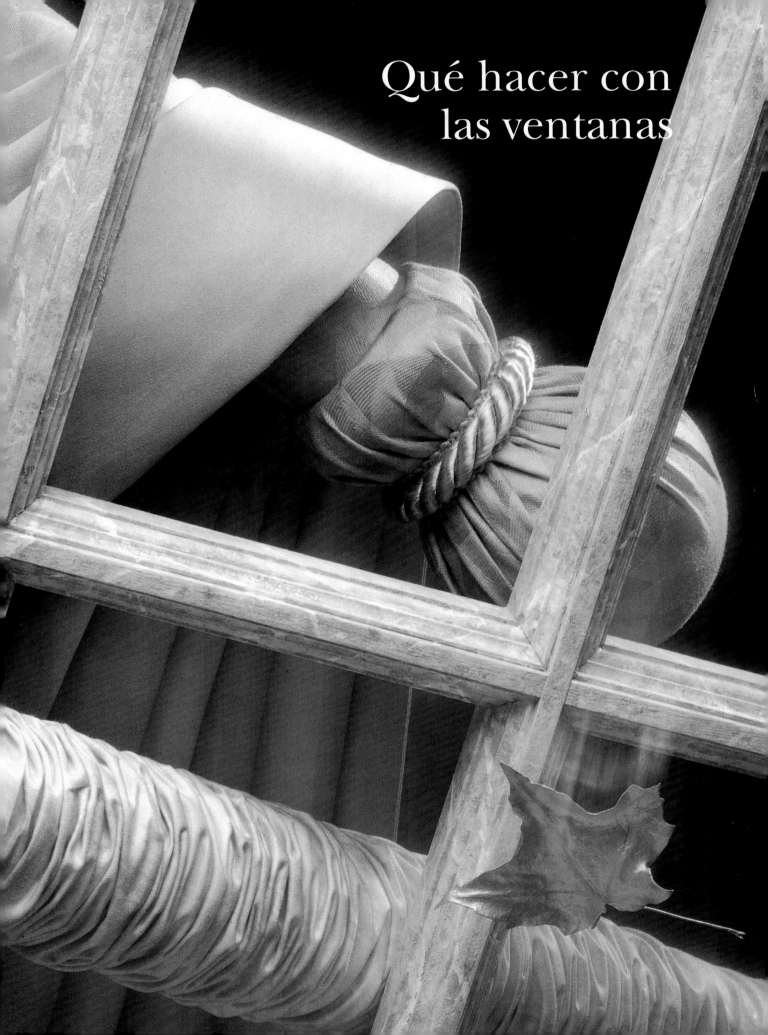

Qué hacer con
las ventanas

Herrajes para cortinas

Seleccione los herrajes antes de tomar las medidas para las cortinas que desea, ya que el largo de corte de la tela puede cambiar, dependiendo de las varillas o bastones para las cortinas.

Sostenga las varillas con ménsulas adecuadas para impedir que se cuelguen del centro. Por lo general, las varillas se acomodan a lo ancho de la ventana a intervalos de 115 cm (45") o menos. Siempre que sea posible, atornille las ménsulas a superficies firmes. Utilice tuercas de expansión si tiene que instalar las ménsulas en tabla roca.

Cómo instalar ménsulas para cortineros con tuercas de expansión

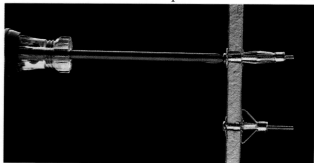

1) Sujete la ménsula para el cortinero en el lugar deseado; señale el lugar de los agujeros. Taladre agujeros de 7.5 mm (5/16") en el enyesado o pared. Si se trata de cortineros pesados, utilice dos tuercas de expansión para cada ménsula. Meta los tornillos con tuerca de expansión en el agujero que taladró. Apriete el tornillo y la tuerca se expandirá conforme se apriete.

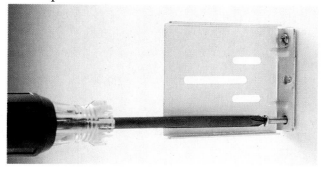

2) Quite el tornillo de la tuerca de expansión; inserte un tornillo en la ménsula del cortinero y alinéelo con la tuerca de expansión ya instalada. Atornille la ménsula en su lugar.

Varillas básicas

Las varillas para cortina (**a**) se emplean para jaretas y galerías sencillas. Si se utiliza encaje o tela transparente, seleccione una varilla de plástico transparente u opaco para impedir que transparente y desmerezca la tela.

Los cortineros anchos (**b**) conocidos como varillas Continental^{MR} o Dauphine^{MR}, se consiguen en medidas de 6.5 cm (2 $^1/_2$") y 11.5 cm (4 $^1/_2$") de ancho y le dan profundidad y atractivo a las jaretas de los visillos plegados o galerías especiales. Los conectores de esquina se emplean para que estas varillas resulten adecuadas para las ventanas que sobresalen o están en esquina. Los conectores le permitirán coser una cortina continua, sin interrupciones ni cortes en la tela.

Los tubos flexibles de plástico de 1 cm ($^3/_8$") (**c**) que se encuentran en los departamentos de plomería de las ferreterías, se adaptan con facilidad a las formas curvas de las ventanas en arco.

Juegos de cortineros decorativos

Los juegos contemporáneos de cortineros redondos de metal (**d**) o juegos Cirmosa^{MR}, se pueden emplear para una gran variedad de cortinas, como las de jareta con galería que aparecen en la página 38. También se pueden conseguir para cortinas horizontales y tienen acabados metálicos o nacarados en diversos colores.

Los juegos tradicionales de cortineros de latón (**e**), vienen en diferentes tamaños, estilos y acabados. Los cortineros de latón se emplean para visillos o cortinas con jareta y galería, así como para festones con pliegues o sencillos. Los cortineros de latón en diámetros más pequeños se pueden doblar ligeramente para utilizarlos en ventanas que sobresalen.

Los juegos de cortineros de madera (**f**), ya sea con bastones sencillos o labrados vienen en maderas al natural o con acabados. Los remates de varios estilos les confieren un aspecto profesional. Los bastones y terminales pueden forrarse con tela o pintarse.

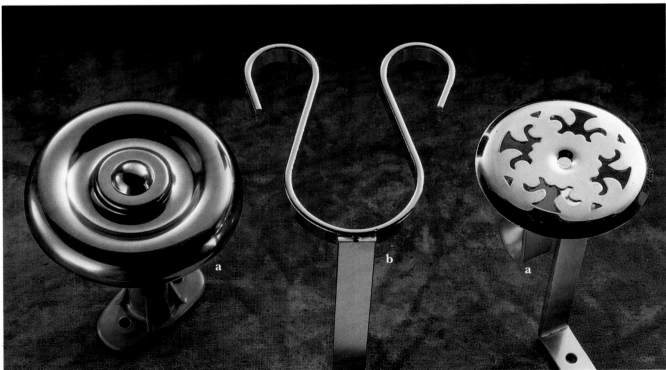

Los accesorios para cortinas se usan para fijar la tela plegada cuando se decora con festones y en las abrazaderas para los laterales de las cortinas. Las abrazaderas para sujetar (**a**) tienen tallos que sobresalen, se emplean en lugar de las abrazaderas de tela, a fin de sujetar las cortinas en su lugar. También pueden utilizarse para decorar con festones (página 44). Los sujetadores para festones (**b**) se emplean también para festones tipo pañuelo, siempre que desee también adornar con rosetones.

Forro e instalación de las tablas de montaje

Algunas cortinas se montan sobre tablas en lugar de colgarlos en cortineros. Si desea un aspecto profesional, cubra la tabla con tela. Esto le dará mejor acabado a la vez que protege la tela de la cortina, impidiendo que se maltrate con la madera al natural.

La tabla se corta al ancho de la cortina ya terminada y puede montarse por el interior o exterior del marco de la ventana. Si se trata de montarla en el interior, se fijará por dentro del marco de la ventana con tornillos de cabeza plana del #8, 3.8 cm (1 $\frac{1}{2}$"). Taladre primero los agujeros para los tornillos con una broca de 3 mm ($\frac{1}{8}$").

Si va a montarlo afuera del marco de la ventana, instale la tabla arriba del marco o sobre la pared encima de la ventana. Para que tenga suficiente espacio, corte la tabla más ancha que la medida exterior del marco o cortinaje, procurando que sobresalga más que el marco o cortinaje de ésta. Cuando se instala la tabla, utilice ménsulas de metal, las que deben ser un poco más cortas que el ancho de la tabla. Siempre que sea posible, atornille las escuadras a paredes firmes o largueros de soporte con tornillos de cabeza plana y taladre previamente los agujeros para los tornillos con una broca de 3 mm ($\frac{1}{8}$"). Si se requiere atornillar escuadras entre los largueros, ya sea en paredes huecas, utilice tuercas de expansión para asegurarse de que la instalación sea segura. Para impedir que la tabla de montaje se pandee en el centro, deje un espacio entre las ménsulas de 115 cm (45") o algo menor.

Los artículos necesarios incluyen las tablas para montaje (**a**), escuadras metálicas (**b**), tornillos de cabeza plana (**c**) y tuercas de expansión (**d**).

Cómo determinar el tamaño de la tabla de montaje

Montaje dentro del marco. Corte un listón de madera de 2.5 × 2.5 cm (1" × 1") que mida 1.3 cm ($\frac{1}{2}$") menos que la medida interior del marco de la ventana, para asegurarse de que la tabla ajustará dentro del marco una vez que la forre con tela.

Montaje fuera del marco. Corte la tabla de montaje de 5 cm (2") más larga que el ancho de la decoración de la ventana o el marco de la misma y por lo menos 5 cm (2") más ancha que la saliente de la cortina o marco de la ventana.

Cómo forrar con tela la tabla de montaje

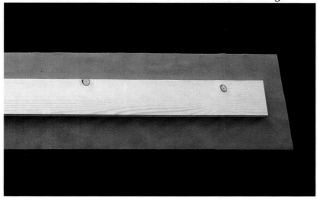

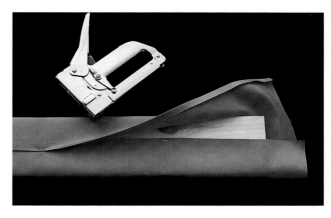

1) Corte la tela para el forro de la tabla de montaje, con el ancho de la tela igual a la distancia alrededor de la tabla, más 2.5 cm (1") y el largo de la tela igual al de la tabla más 11.5 cm (4 ¹/₂"). Centre la tabla en el revés de la tela.

2) Engrape una de las orillas longitudinales de la tela a la tabla y separe las grapas una de otra 20.5 cm (8"). No engrape a 15 cm (6") de los extremos. Envuelva la tela alrededor de la tabla y doble la orilla larga hacia adentro una pestaña de 1 cm (3/8"), para engraparla a la tabla y deje una distancia de 15 cm (6") entre las grapas.

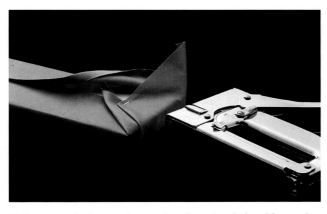

3) Forme un inglete en las esquinas laterales de la tabla con los lados sin doblar de la tela, marcando el doblez con los dedos. Engrape las esquinas en inglete y acomódelas hacia la orilla cortada.

4) Doble en inglete la tela por el lado de la tabla que ya dobló la tela y marque el doblez con los dedos. Doble el sobrante de tela hacia el extremo de la tabla y engrape cerca del doblez.

Cómo instalar una tabla de montaje con escuadras

1) Atornille unas escuadras a la tabla de montaje ya forrada, con tornillos del #8 de 2 cm (³/₄"). Sujete la tabla en el lugar deseado y cerciórese de que esté nivelada. Señale con lápiz los agujeros para los tornillos en la pared o marco de la ventana.

2) Quite las escuadras de la tabla. Fíjelas a la pared con tuercas de expansión de 3 mm (¹/₈") L (largas), (página 26) o con tornillos ce cabeza plana de 2 cm (³/₄").

3) Monte la decoración de la ventana y engrápela a la tabla de montaje. Acomode la tabla en las escuadras que ya instaló y atorníllelas a la tabla de montaje.

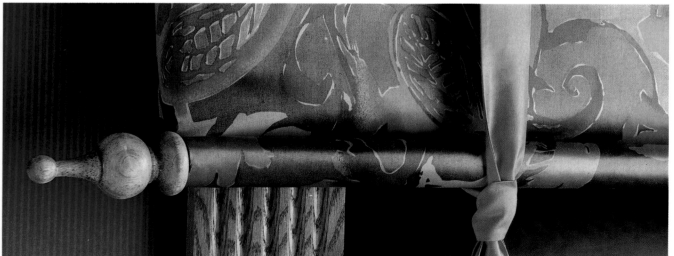

Galería tipo diligencia montada al exterior, con vistas laterales. En los extremos del cortinero de madera, se pueden añadir remates.

Cortinas tipo diligencia

Estas cortinas fijas, hechas a la medida, llevan lazos decorativos y se parecen a las que se utilizaban en las diligencias del pasado. La galería puede ir forrada de tela que armonice o contraste. El forro queda a la vista cuando la galería se enrolla en el extremo inferior.

Una cortina tipo diligencia se fija a una tabla de montaje y frecuentemente se coloca dentro del marco de la ventana. Si se monta al interior del marco, el ancho de la galería terminada debe ser de 6 mm ($^1/_4$") menos que las medidas del interior del marco, y la tela decorativa se fija a una tira de madera de 2.5 × 2.5 cm (1" × 1").

Cuando se fija al exterior, las vistas laterales se añaden a la galería. Esta parte lateral es la distancia de la pared a la orilla del frente de la tabla de montaje. Esta tabla puede fijarse en la parte superior del marco de la ventana o en la pared superior de la ventana. El ancho acabado de la galería debe tener por lo menos 5 cm (2") más de ancho que la medida exterior del marco de la ventana, o sea 5 cm (2") más ancho que el ancho de la cortina.

Por lo general, los lazos se separan de 61 a 91.5 cm (24" a 36"). Si la distancia es mayor, la tela se abomba entre las tiras. De ser posible, acomode las tiras para que queden alineadas con las líneas verticales ya existentes en las ventanas.

✄ Instrucciones de corte

Si emplea esta opción para decorar una ventana más ancha que la tela que escogió, utilícela a lo ancho siempre que sea posible (página 21). Si no puede poner la tela a lo ancho, coloque las costuras de modo que queden ocultas bajo las tiras.

Cuando se monta dentro del marco de la ventana, el ancho de corte de la tela de la vista es igual al ancho terminado de la galería más 2.5 cm (1") para pestañas de costura. Si la va a montar por fuera del marco, el ancho cortado de la tela de la vista es igual al ancho acabado de la galería más dos veces la vuelta y 2.5 cm (1") más para pestañas de costura.

El largo cortado de la tela de la vista es igual al largo acabado más el ancho del tablero de montaje, agregando 30.5 cm (12") para el efecto de enrollado en la orilla inferior más 2.5 cm (1") para pestañas de costura.

Corte el forro igual o contrastante del mismo tamaño que la vista.

Corte dos tiras de tela para cada uno de los lazos; el ancho de corte de cada tira debe ser el doble del ancho del lazo terminado, más 1.3 cm ($^1/_2$") para pestañas de costura. El ancho terminado de los lazos en las ilustraciones es de 5 cm (2"). Las tiras de tela pueden cortarse a lo ancho de la tela y en ese caso, el largo de corte de las tiras será igual al ancho de la tela. Corte la tela para forrar la tabla de montaje (página 29).

MATERIALES NECESARIOS

Tela para decoración para la galería y tabla de montaje.

Tela igual o contrastante para el forro.

Tela contrastante para los lazos.

Bastón de 3.5 cm (1 $^3/_8$"), cortado al ancho de la galería ya cosida.

Tabla para montaje, cortada 6 mm ($^1/_4$") más corta que el ancho terminado de la galería después de coserla.
Para montarla al interior del marco de la ventana, utilice un listón de madera de 2.5 × 2.5 cm (1" × 1").
Si la va a montar por fuera del marco, la madera debe medir por lo menos 5 cm (2") más que la proyección del marco de la ventana o que el ancho de la cortina.

Engrapadora para tapicería, grapas.

Escuadras metálicas, una para cada extremo y una para cada 115 cm (45") a través del ancho de la tabla de montaje; tornillos de cabeza plana o tuercas de expansión (página 28) para montar por dentro del marco.

Tornillos de cabeza plana (página 28) para montar dentro del marco.

Cómo coser una galería tipo diligencia para montarse dentro del marco de la ventana

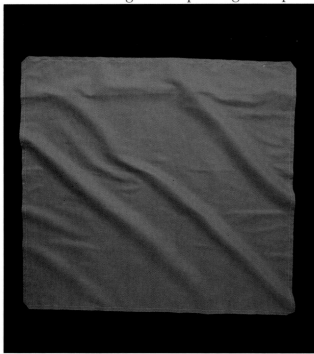

1) Cosa los anchos de tela según sea necesario. Ponga la tela de la vista y el forro con los derechos juntos, casando las orillas cortadas. Haga costuras de 1.3 cm ($^1/_2$") a todo el rededor, dejando una abertura de 20.5 cm (8") al centro de la orilla superior para voltear la tela. Corte diagonalmente las esquinas.

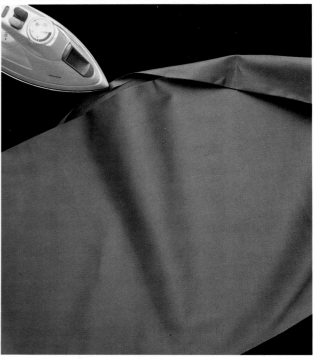

2) Voltee la galería con el derecho hacia afuera. Planche las orillas, doblando hacia adentro las pestañas de costura en la abertura del centro.

3) Corte dos círculos de 7.5 cm (3"). Fíjelos con pegamento para tela o adhesivo rociado en los extremos del cortinero de madera.

4) Sujete el cortinero firmemente contra la mesa. Trace con un lápiz una línea en el lugar donde toca la mesa.

5) Centre el cortinero por el lado derecho de la galería en la orilla inferior y engrape en su lugar, acomode la orilla inferior de la galería a la línea marcada en el bastón.

6) Enrolle la galería a darle el largo deseado. Fije el cortinero en su lugar con alfileres.

7) Doble por la mitad las tiras de tela para los nudos a todo lo largo. Una las telas por el derecho. Cosa un extremo largo y uno corto, con una pestaña de 6 mm (¹/₄"). Recorte las esquinas diagonalmente y voltee el derecho hacia afuera; planche. Use dos tiras para cada anudado.

8) Señale el lugar en que desea colocarlas en la parte superior de la galería. Engrape la galería a la tabla de montaje ya forrada (página 29), acomodando la orilla superior de la galería con la orilla trasera de la tabla. No ponga grapas en las marcas para las tiras.

(Continúa en la página siguiente)

Cómo coser una galería tipo diligencia para montarse dentro del marco de la ventana (continuación)

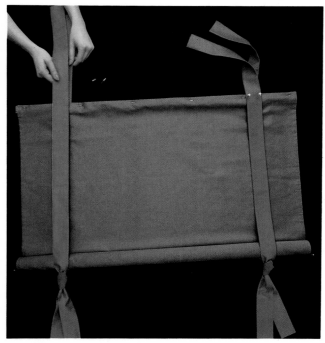

9) Deslice la galería entre las dos tiras colocadas en las marcas; fíjelas en su lugar con tachuelas. Amarre los extremos terminados y ajuste el largo de las tiras desde la orilla superior hasta obtener el efecto deseado, asegúrese de que las tiras tienen el mismo largo. Engrape las tiras a la tabla y recorte el sobrante de la parte superior.

10) Monte la galería atornillando la tabla dentro del marco de la ventana, con tornillos del #8, de 3.8 cm (1 ¹/₂"). Taladre antes los agujeros con una broca de 3 mm (¹/₈").

Cómo coser una galería tipo diligencia para montarse por fuera del marco de la ventana

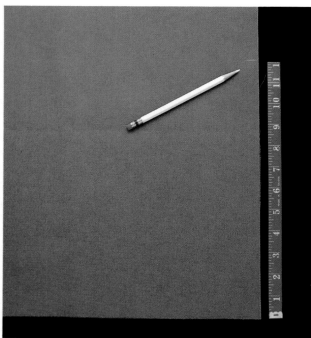

1) Cosa los anchos de tela necesarios. Doble la tela de la vista por la mitad a lo largo, derecho con derecho. Por los lados, marque una línea de 31.8 cm (12 ¹/₂") desde la orilla inferior. Ésta es la cantidad que necesita para el efecto de enrollado, más las pestañas de costura.

2) Trace una línea desde un costado hasta la línea marcada, la medida de una vuelta. Trace una línea paralela a un costado, hasta la orilla inferior. Corte la sección a través de las dos capas de tela. El ancho cortado en la orilla inferior debe ser ahora el ancho de la galería ya terminada, más 2.5 cm (1"). Repita para el forro.

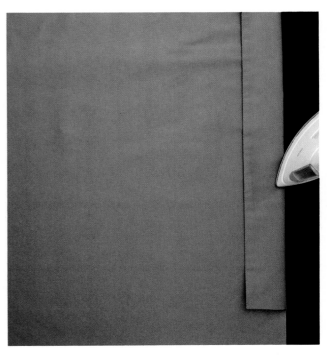

3) Acomode el derecho de la tela y el del forro casando las orillas cortadas. Haga costuras de 1.3 cm (¹/₂") alrededor de los lados, dejando una abertura de 20.5 cm (8") en el centro de la orilla superior para voltear. Haga cortes en las esquinas interiores y recorte las otras.

4) Voltee las galerías con el derecho hacia afuera. Planche las orillas doblando hacia adentro las pestañas de costura en la abertura central. Planche las vueltas ligeramente. Complete los pasos del 3 al 7 de las páginas 32 y 33.

5) Marque la colocación deseada en la orilla superior de la galería. Engrape la galería a la tabla de montaje ya forrada (página 29), acomodando la orilla superior de la galería a la orilla trasera de la tabla y centrando la orilla superior en la tabla, con las vueltas sobresaliendo en los extremos de la tabla. No ponga grapas en las marcas para las tiras.

6) Haga ingletes en las esquinas de las vueltas y engrápelas en su lugar. Termine la galería con las tiras, como lo hizo en el paso 9 de la página opuesta. Monte como se indica en las páginas 28 y 29.

Galería tipo pañuelo

Esta fácil galería hecha a la medida presenta una cenefa de 7.5 cm (3") en la orilla inferior, la que es simplemente una extensión del forro contrastante. La galería se puede utilizar sola o sobre cualquier otra decoración para la ventana, como por ejemplo: persianas o visillos. Da buenos resultados en ventanas pequeñas, sin ser demasiado pesada, pero también resulta agradable en ventanas mayores.

La galería tipo pañuelo se debe montar al exterior (páginas 28 y 29). La tabla puede quedar directamente encima del marco de la ventana o en la pared sobre la ventana. El ancho de la galería terminada debe ser por lo menos 5 cm (2") más ancho que la medida exterior del marco de la ventana o de la decoración; el ancho ya terminado no incluye la caída de la tela por los costados de la galería.

✂ Instrucciones de corte

El ancho de corte de la tela para el exterior es igual al largo de la tabla de montaje más dos veces el largo de la galería ya terminada más 2.5 cm (1") para pestañas de costura. La tela se puede poner a lo ancho si el dibujo no es direccional (página 21). Habrá que añadir las telas que no se puedan poner a lo ancho si la medida final de la galería resulta más ancha que la tela misma. Al añadir la tela, cerciórese de aumentar lo suficiente para pestañas de costura. Para determinar el largo de corte de la vista, sume el ancho de la tabla de montaje al largo que desea en la galería y después réstele a esta medida 5 cm (2") para pestañas de costura y para la banda contrastante de 7.5 cm (3") en la orilla inferior.

Corte el forro contrastante del mismo ancho que la tela de la vista. Para determinar el largo de corte del forro, agregue el ancho de la tabla de montaje al largo de la galería ya terminada. Agregue después 10 cm (4"), suficiente para pestañas de costura y para una banda contrastante de 7.5 cm (3") en la orilla inferior.

Corte la tela para que cubra la tabla de montaje (página 29).

MATERIALES NECESARIOS

Tela para decoración en dos colores contrastantes para la vista y el forro.

Tabla para montaje, cortada al ancho deseado para la galería ya terminada. Debe tener por lo menos 5 cm (2") más de ancho que la proyección del marco de la ventana o la decoración.

Ménsulas de metal, una para cada extremo y una para cada 115 cm (45") a lo ancho del tablero de montaje.

Engrapadora para tapicería, grapas.

Tornillos de cabeza plana o tuercas de expansión (página 28).

Cómo coser una galería tipo pañuelo

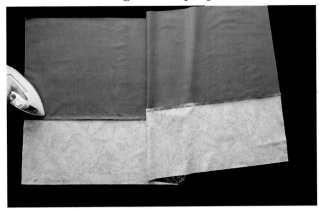

1) Cosa las telas por lo ancho si es necesario. Acomode la tela de la vista y el forro por el derecho de ambas, haciendo coincidir las orillas inferiores. Haga una costura de 1.3 cm (¹/₂"). Planche la costura hacia la tela exterior.

2) Acomode la tela de la vista y el forro, derecho con derecho, haciendo coincidir las orillas superiores. Haga costuras de 1.3 cm (¹/₂") en los lados y dejando una abertura de 20.5 cm (8") en el centro de la orilla superior para voltear. Recorte las esquinas diagonalmente. Abra las pestañas de costura al plancharlas.

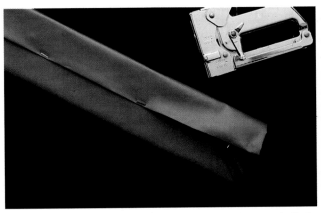

3) Voltee la galería con el derecho hacia afuera. Planche las orillas doblando hacia adentro las pestañas de costura en la abertura central.

4) Forre la tabla de montaje con tela (página 29) y engrápele la tela espaciando a 10 cm (4"). Doble las orillas cortadas hacia adentro.

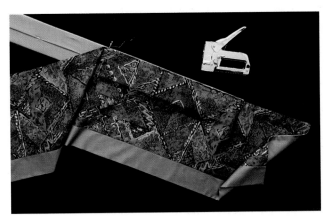

5) Señale el centro de la tabla de montaje y marque el centro de la galería en la orilla superior. Acomode la galería, con el derecho hacia arriba sobre la tabla, alineando la orilla superior de la galería con la orilla trasera de la tabla. Haga coincidir las marcas centrales. Engrape la galería al centro de la tabla cerca de la orilla trasera. Trabaje del centro hacia las orillas y engrape la galería a la tabla a espacios de 10 cm (4"), con una grapa cerca de cada extremo.

6) Atornille las ménsulas a la parte inferior de la tabla de montaje, acomodando una en cada extremo y separando unas de otras 115 cm (45"). Instale la galería en el marco de la ventana o pared (páginas 28 y 29). Acomode la caída en los extremos de la galería.

Galerías con jareta

Confeccione galerías con jareta rápidas y sencillas plegando la tela simplemente sobre un cortinero ancho. Las galerías más anchas en el centro que en las orillas, se agregan a la jareta básica, creando así muchos estilos diferentes. Esto resulta agradable para ponerlo sobre cortinas plegadas y dar así un toque femenino, aunque también puede usarse con persianas a la medida o visillos con pliegues tableados. Las galerías pueden confeccionarse con tela que armonice o contraste con la de las jaretas.

Una manera atractiva de decorar una ventana consiste en forrar dos o más cortineros y ponerles una galería sencilla o en disminución y después agruparlos. Cuando se montan dos cortineros uno junto a otro, hay un pequeño espacio entre ellos debido a las ménsulas. Para llenarlo y evitar que se filtre la luz, añada un holán de 1.3 cm ($^1/_2$") a una de las jaretas, para meterlo detrás de los cortineros al momento de montarlos. Para obtener mejores resultados, póngalo en la orilla inferior del cortinero superior.

✂ Instrucciones de corte

Ya se trate de una jareta sencilla o de una con galería, el largo de la jareta debe ser igual al doble del ancho del cortinero más 2.5 cm (1") para holgura y 2.5 cm (1") para pestañas de costura. Cuando agrega el holán de 1.3 cm ($^1/_2$") entre los cortineros, agregue 2.5 cm (1") extra al

La galería en disminución sobre este cortinero con jareta, da mayor altura sobre el marco de la ventana y crea un elegante copete.

La galería forma un holán bajo la jareta si se voltea el copete hacia abajo. Un segundo cortinero con una jareta sencilla se utiliza para acentuar el efecto.

largo de corte. El ancho de corte de la jareta del cortinero será igual al triple del largo del cortinero.

Si va a confeccionar una jareta con dos galerías, corte secciones separadas para el frente y trasero de la jareta, con el largo de corte de cada una igual al ancho del cortinero más 2.5 cm (1") para holgura y 2.5 cm (1") para pestañas de costura. Si lo desea, puede cortar la parte trasera de la jareta de tela para forro. Para cada frente y trasero el ancho de corte será igual al triple del largo del cortinero.

El largo de corte de las galerías en disminución es igual al doble del largo acabado de la galería más 2.5 cm (1") para pestañas de costura. El ancho de corte de la galería es igual al ancho de corte del cortinero. Las galerías en disminución se pueden confeccionar de la misma tela o de una contrastante.

MATERIALES NECESARIOS

Tela para decoración; puede utilizar uno o dos colores.

Cortineros anchos, uno para cada galería.

Juegos de cortineros metálicos contemporáneos si va a optar por una decoración con cortinero múltiple.

Las galerías en disminución se utilizaron tanto arriba como en la parte inferior de esta jareta a fin de proporcionar un aspecto diferente.

Se emplearon varios cortineros para crear un aspecto interesante. En la decoración que aquí se muestra, se emplean varillas anchas para cortinero, forradas con jaretas, acompañadas de los cortineros metálicos contemporáneos, que se dejaron al natural.

Cómo coser una jareta sencilla para cortinero

1) Una la tela por el ancho. Planche las costuras abiertas. Haga dobladillos laterales dobles de 6 mm ($^1/_4$"). Doble la jareta por la mitad a lo largo, juntando el derecho de la tela y dejando parejas las orillas cortadas. Haga una costura de 1.3 cm ($^1/_2$") y planche abriendo las costuras.

2) Voltee las jaretas con el derecho hacia afuera y planche para que la costura quede centrada en la parte de atrás de la jareta. Si hacen falta holanes para que no se filtre la luz, tratándose de cortineros múltiples (página 38), cosa a 1.3 cm ($^1/_2$") de la orilla doblada. Inserte el cortinero, distribuyendo el pliegue de la tela de manera uniforme.

Cómo coser una jareta con una galería

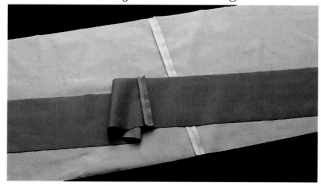

1) Para formar la jareta y la galería, una la tela por el ancho con una costura. Planche las costuras abiertas.

2) Doble la galería por la mitad a lo largo, revés con revés. Planche por la línea del doblez. Ahora doble por la mitad a lo ancho, midiendo desde los extremos una distancia igual al doble de la medida de la vuelta y señale con alfileres. Por ejemplo, si la vuelta es de 10 cm (4"), señale con alfileres a 20.5 cm (8") de los extremos.

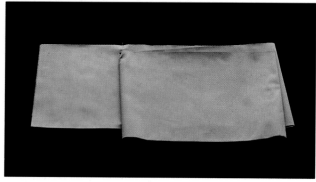

3) Mida una tercera parte de la distancia desde la marca del alfiler a la vuelta con la línea de doblez transversal. Mida esta distancia desde el doblez transversal y señale con alfileres. Aquí empieza la disminución.

4) Mida desde el doblez longitudinal en la marca del alfiler que indica la vuelta hasta la altura deseada de la galería, agregue una pestaña para costura de 1.3 cm ($^1/_2$"). Haga una marca con lápiz. Por ejemplo, si desea una galería de 10 cm (4") en la vuelta, señale 11.5 cm (4 $^1/_2$") desde el doblez longitudinal.

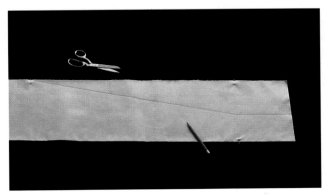

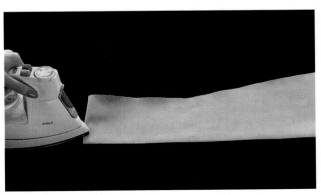

5) Trace una línea recta paralela al doblez longitudinal desde los extremos de la galería, hasta la marca con lápiz en la vuelta. Trace una línea recta en ángulo con la marca de lápiz y regrese a la señal con el alfiler en la parte central. Corte por las líneas marcadas.

6) Doble la galería a lo largo, juntando el lado derecho de la tela y haga una costura de 1.3 cm ($^1/_2$") en los extremos. Voltee la galería con el derecho hacia afuera y planche.

7) Haga dobladillos dobles de 6 mm ($^1/_4$") sobre la jareta del cortinero. Doble la jareta por la mitad a lo largo, juntando el lado derecho y pase en medio la galería, juntando las orillas cortadas. Prenda juntas las capas de tela, dando holgura a las costuras de la galería conforme sea necesario, de modo que la tela quede plana. Haga una costura de 1.3 cm ($^1/_2$").

8) Voltee el derecho hacia afuera y planche. Si hace falta un holán para impedir el paso de la luz cuando se decora con varios cortineros (página 38), cosa a 1.3 cm ($^1/_2$") de la orilla doblada. Inserte el cortinero, distribuyendo el pliegue de la tela.

Cómo coser una jareta con dos galerías

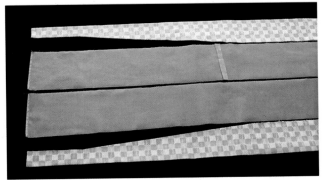

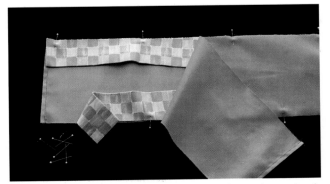

1) Para galerías, el frente y parte de atrás de las jaretas, cosa juntas las telas por el ancho. Planche las costuras abiertas. Haga dos galerías como se indica en los pasos del 2 al 6 en la página opuesta. Haga dobladillos dobles de 6 mm ($^1/_4$") tanto al frente como en la parte de atrás de la jareta.

2) Acomode el frente y parte de atrás de la jareta, juntando el derecho de las telas, meta las galerías dentro y haga coincidir las orillas cortadas. Prenda juntas las capas de tela, dando holgura en las costuras de las galerías conforme sea necesario, de modo que la tela quede plana. Haga costuras de 1.3 cm ($^1/_2$"). Voltee el derecho hacia afuera y planche. Inserte el cortinero, distribuyendo el pliegue de la tela.

Visillos en semicírculo

Un visillo semicircular no sólo viste una ventana paladina, sino que también dispersa la luz. Está diseñado para enmarcar perfectamente la forma arqueada y se ajusta a la medida de las ventanas.

En la jareta de la orilla superior, se inserta un tubo de plástico flexible, el cual se adapta fácilmente a la curva alrededor de la ventana. En la jareta opuesta se inserta cordón para cortinas, para sujetar los pliegues al centro. Para rematar el decorado, se utiliza un rosetón grande (páginas 80 y 81).

Dibuje en papel la forma del interior del marco de la ventana para hacer un patrón. Los ajustes se harán en la cortina antes de colocarla, utilizando el patrón.

✂ Instrucciones de corte

El ancho de la tela cortada es igual a una y media o dos veces la medida de la línea curva del patrón, dependiendo del pliegue que desee. Siempre que sea posible, ponga la tela a lo ancho para no tener costuras (página 21).

Para determinar el largo de corte de la tela, divida entre dos el largo de la línea recta inferior del patrón; agregue después 11.5 cm (4 $^1/_2$"). Esto le permite una pequeña galería doble de 1.3 cm ($^1/_2$") y una jareta doble de 1.3 cm ($^1/_2$") para la orilla exterior, así como una jareta doble de 1.3 cm ($^1/_2$") en el centro y 1.3 cm ($^1/_2$") para holgura.

MATERIALES NECESARIOS

Tela transparente para visillo y rosetón.

Tubo de plástico flexible de 1 cm ($^3/_8$") (página 27) cortado para que se ajuste a la curva por la orilla interior del marco de la ventana.

Casquillos de 1 cm ($^3/_8$") para el cortinero circular.

Armellas de 2.5 cm (1"), una para cada 20.5 a 25.5 cm (8" a 10") alrededor de la curva de la ventana y una para el centro del semicírculo.

Cordón de nylon para cortinas, grapas de sujeción o prensa.

Cómo coser e instalar un visillo semicircular

1) Añada la tela por el ancho, si es necesario. Planche hacia abajo 1.3 cm (¹/₂") dos veces por los lados y cosa para formar un dobladillo con dos dobleces. Planche también dos veces hacia abajo 3.8 cm (1 ¹/₂") en la parte superior y cosa las jaretas cerca del primer doblez y después a 2.5 cm (1") de distancia. Planche hacia abajo y haga costuras dobles de 1.3 cm (¹/₂") para la jareta inferior.

2) Prenda un alfiler de seguridad a un extremo del cordón para cortinas y páselo por la jareta en la orilla inferior. Jálelo lo más apretado posible y ate los extremos. Recorte el cordón sobrante. Esto será el centro del semicírculo.

3) Inserte tubo de plástico en la jareta de la orilla superior, plegando la tela. Prenda o sujete el patrón de papel a una placa de cartón grueso o de espuma rígida. Haga coincidir la galería de la cortina con el arco señalado en el patrón y sujete los extremos del tubo al cartón. Distribuya los pliegues y prenda la galería en su lugar. Sujete el centro en la orilla inferior.

4) Estire la cortina hacia el centro para quitar la holgura sujetando con una hebra doble de hilo. Si es necesario, cubra el centro con un pequeño semicírculo de tela del mismo color para darle mejor aspecto a la parte exterior de la ventana. Haga un rosetón (páginas 80 y 81) y cósalo a mano en el centro.

5) Atornille los casquillos en los extremos inferiores del marco de la ventana. Atornille las armellas al marco de la ventana a espacios de 20.5 a 25 cm (8" a 10") con las aberturas de las armellas hacia la habitación; todas deben quedar a la misma distancia de la orilla del marco de la ventana. Atornille una armella en el centro de la parte inferior del marco de la ventana.

6) Inserte los extremos del tubo en los casquillos. Meta el tubo en las armellas a lo largo de la curva interior de la ventana. Ensarte el centro del semicírculo en la armella que está en el centro del marco inferior de la ventana. Tal vez necesite recortar el tubo para que ajuste bien alrededor de la ventana.

Festones tipo pañuelo

Los festones tipo pañuelo son una adaptación del festón tradicional decorativo que consiste en una tira de tela drapeada a lo ancho de la parte superior de una ventana, con cascadas a los lados. Se les puede dar un aspecto tradicional y elegante o una apariencia contemporánea, sin estructura. Los festones tipo pañuelo son adecuados para casi cualquier tamaño o forma de ventanas, incluyendo las ventanas con arco.

Los festones tipo pañuelo se forman con una tela larga rectangular, forrada que se dobla y se pliega en la ventana. Si utiliza soportes especiales con ganchos en U, puede formar rosetones en las esquinas o plegar el festón sobre soportes tipo abrazadera.

Los soportes y abrazaderas se instalan generalmente en las esquinas exteriores del marco de la ventana o en la pared, colocados hacia arriba y hacia afuera de las esquinas. Para las ventanas en arco que se muestran en la página opuesta, los soportes se colocan en forma simétrica o asimétrica en los marcos de las ventanas.

Una vez que se decide el sitio donde irán las abrazaderas, determine el largo de las cascadas a los lados de la ventana. Para obtener una buena proporción, las cascadas suelen medir las dos terceras partes del largo de la ventana, o terminan en el antepecho de la misma. En ventanas grandes pueden llegar al piso o tener tela sobrante para "amontonarse" sobre éste. El aspecto asimétrico se logra dejando una cascada notablemente más larga que la otra.

Las telas semipesadas para decoración, como el calicó brillante y el satén resultan adecuadas para esta decoración. Evite las telas pesadas porque no se pliegan con facilidad y pueden no caber en el soporte del festón. Seleccione un forro contrastante para acentuar la caída de las cascadas. Si utiliza tela con dibujo en una sola dirección, la tela de una cascada deberá ponerse en sentido opuesto y añadirse al adorno en la parte del festón.

Si los soportes del festón quedan visibles desde los lados de la ventana, forre la parte visible de las abrazadera con un lienzo para cortinero para lograr un mejor aspecto. Los páneles laterales se colocan antes de instalar las abrazaderas.

✂ Instrucciones de corte

Corte la tela de la vista y la del forro al largo que se calcule, como se explica más adelante. Se utiliza el ancho total de ambas telas; si la tela de la vista y del forro son de anchos diferentes, corte la tela más ancha hasta dejarla del ancho de la más angosta.

Si desea tener lienzos laterales para las abrazaderas en la parte superior de las cascadas, corte dos tantos de tela para cada uno de 18 cm (7") de ancho con el largo que desee para la caída y aumente 4.5 cm (1 ³/₄") para la jareta y pestaña de costura. Puede cortarse una pieza de la tela de la vista y la otra del forro, o las dos pueden cortase de la tela exterior.

MATERIALES NECESARIOS

Tela para decoración y forro contrastante.

Soportes para festón o abrazaderas (página 27).

Ganchos para cortina o alambre, uno para cada rosetón.

Cómo cálcular las medidas para un festón tipo pañuelo

Deje colgar el cordón o cinta de medir a lo ancho de la ventana, entre los sujetadores de festón o las abrazaderas, a fin de simular la forma que se desea para cada festón. Aumente a esta medida el largo deseado para las caídas laterales. Aumente 61 cm (24") para cada festón si el festón lleva rosetones.

Cómo coser un festón tipo pañuelo

1) Acomode la tela de la vista y el forro juntando ambas telas por el lado derecho. Mida 46 cm (18") en uno de los orillos de cada extremo de la tela. Trace una línea diagonal desde estos puntos hasta las esquinas del orillo opuesto. Recorte las piezas triangulares de la tela en cada extremo.

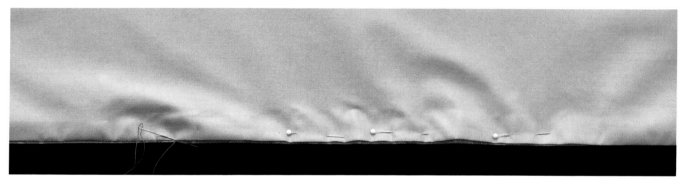

2) Haga una costura de 1.3 cm ($^1/_2$") alrededor de los cuatro lados, dejando una abertura de 30.5 cm (12") en el centro para voltear. Planche las costuras abiertas. Voltee el derecho hacia afuera y cosa la abertura. Planche las orillas.

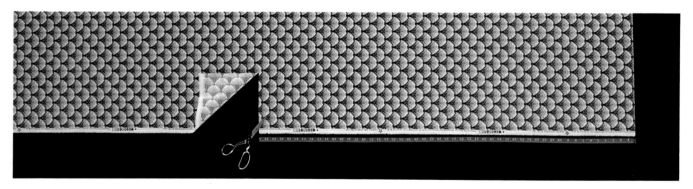

Telas con dibujo en un solo sentido. 1) Determine el largo de una cascada desde la orilla inferior hasta la abrazadera o sujetador de festón. Agregue 2.5 cm (1") a esta medida. Mida esta distancia desde un extremo de la tela y corte a lo ancho.

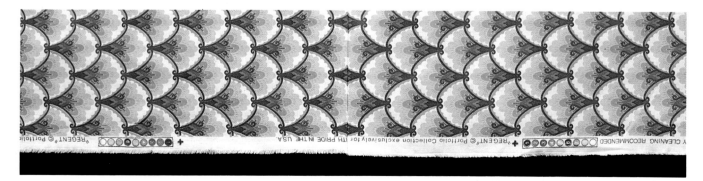

2) Voltee la tela para que el dibujo vaya en dirección opuesta; haga una costura de 1.3 cm ($^1/_2$"). La costura quedará oculta en el rosetón.

Cómo coser un lienzo para cortinero

1) Acomode dos piezas laterales uniendo el lado derecho de la tela. Una a lo largo y por la orilla inferior con una costura de 1.3 cm ($^1/_2$"). Recorte las esquinas y voltee el derecho hacia afuera; planche. Doble 6 mm ($^1/_4$") hacia abajo la orilla superior hacia el revés y después 2.5 cm (1") más. Cosa cerca del segundo doblez, formando la jareta para la ménsula.

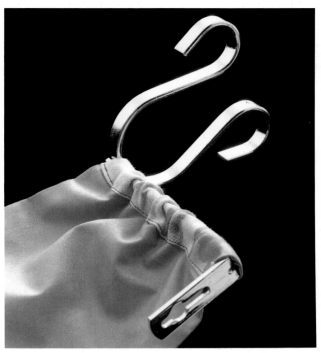

2) Deslice la jareta sobre la extensión del sujetador del festón. Atornille la abrazadera a la pared o marco de la ventana.

Cómo doblar e instalar un festón tipo pañuelo

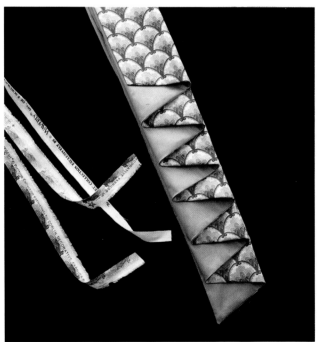

1) Acomode el festón tipo pañuelo en una superficie larga, como el piso, con el forro hacia arriba. Doble en acordeón todo el ancho del festón con pliegues de 10 cm (4"), empezando por el lado más largo. Ambas orillas deben quedar hacia la misma dirección (flechas).

2) Amarre el festón doblado con tiras de recortes cada 46 a 61 cm (18" a 24"). Esto mantendrá los pliegues en su lugar, facilitando el manejo del festón durante su instalación.

(Continúa en la página siguiente)

Cómo doblar e instalar un festón tipo pañuelo (continuación)

3) Acomode el festón sobre las extensiones de las ménsulas, con el lado más corto hacia abajo y hacia adentro de la ventana. Acomode la parte del festón como lo planeó. Si la ventana va a tener una decoración simétrica, cerciórese de que los largos de las cascadas son iguales. Quite las cintas atadas.

4) Jale suavemente los pliegues inferiores para marcar más el festón. Jale suavemente los pliegues superiores hacia las ménsulas para disminuir la cantidad de drapeado en la parte superior del festón. Ajuste los dobleces a su gusto. Fíjelos en las ménsulas con alfileres de seguridad.

5) Mida 61 cm (24") desde la ménsula. Doble esta parte de 61 cm (24") de la tela por mitad, formando una lazada de 30.5 cm (12") con el lado más corto hacia el frente; no tuerza el festón. Pase la tela por la porción en U de la ménsula, como se muestra. Si es necesario por el grueso de la tela, abra un poco la U. Conserve el acordeón que plegó en la tela, con el lado más corto y los pliegues contrastantes hacia la ventana.

6) Ajuste la parte del rosetón de modo que las cascadas queden iguales, si la decoración va a ser simétrica. Cierre la parte en U de la ménsula lo más que pueda, a fin de impedir que que el rosetón se deslice, saliéndose de la ménsula mientras lo acomoda. Fije la parte superior de la ménsula con un trozo de alambre o un gancho para cortina.

7) Jale el doblez interior en el centro de la lazada de tela; extienda la tela.

8) Forme el rosetón jalando sucesivamente los pliegues de tela.

9) Meta la parte superior e inferior del rosetón de nuevo en la ménsula para que no se formen picos. Sujete el rosetón con alfileres en donde lo necesite.

10) Ajuste los dobleces de las cascadas según sea necesario para lograr los pliegues a su gusto.

Cortineros y remates forrados

Los cortineros, así como los remates forrados, le dan un toque de diseñador a los festones en forma de pañuelo y otras decoraciones para ventana. Para ello, utilice cortineros y remates en madera natural. Puede forrar los bastones con tela plegada o lisa.

Para sostener el festón plegado que se ve a la derecha, se utilizó un cortinero forrado liso. Además de colgar la tela, se hicieron lazadas con cordón en espiral, mismo que se usó también para adornar parte del forro del remate. En la ilustración insertada a la derecha, se confeccionó una jareta plegada para el cortinero (o varilla) y el remate se guarnece con pliegues.

✂ Instrucciones de corte

El largo de corte de la jareta es igual a la circunferencia del cortinero, más 3.8 cm (1 $^1/_2$") cuando se trate de cortineros de madera de 3.5 cm (1 $^3/_8$"), o de la circunferencia del cortinero más 4.5 cm (1 $^3/_4$") para cortineros de 5 cm (2").

Si se trata de una jareta lisa, el ancho de corte de la jareta es igual al largo del cortinero. Cuando la jareta se pliega, el ancho de corte es dos o tres veces el largo del cortinero de madera.

Corte los círculos de tela para los remates como se indica en la página 52 ó 53.

MATERIALES NECESARIOS

Tela para decoración.
Juego de cortineros de madera con remates en forma de bola.
Ménsulas para utilizarse con los cortineros Cirmosa[MR].
Cordón, galón o ribete de listón para los remates.
Pegamento para tela.
Tachuelas o engrapadora para tapicería y grapas.

Cómo forrar un cortinero liso

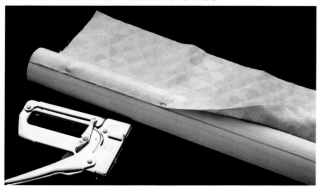

1) Marque una línea en el cortinero de madera, como se indicó en el paso 4, página 32. Engrape la tela o fíjela al palo con tachuelas, alineando la orilla cortada con la línea que marcó.

2) Envuelva la tela muy apretada alrededor del cortinero. Doble la orilla cortada hacia adentro y engrápela o fíjela con tachuelas. Ponga pegamento alrededor del cortinero para que se adhiera la jareta del cortinero. Deje que el pegamento seque.

Cómo forrar un cortinero plegado

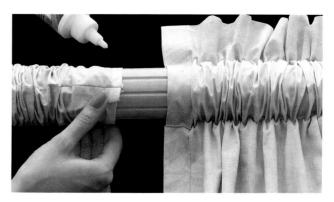

Haga una jareta sencilla como se indica en la página 40, excepto que no debe hacer los dobladillos laterales. Inserte el cortinero plegando la tela en forma pareja. Ponga pegamento alrededor del extremo del cortinero, de modo que la jareta se adhiera. Deje que el pegamento seque.

Otro método para las cortinas con jareta. Haga una jareta cosida únicamente para la parte visible del cortinero de madera, como se indica en la página 40, pero no cosa los dobladillos laterales. Inserte la funda para el cortinero, repartiendo bien la tela. Ponga pegamento en los extremos de la funda del cortinero y deje que seque. La cortina cubre el resto del palo.

Cómo hacer un remate forrado

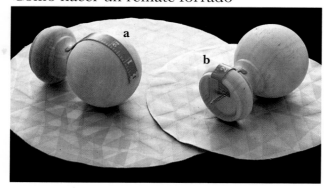

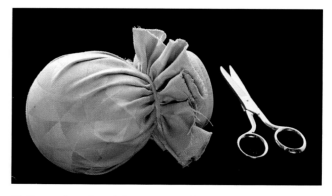

1) Mida la porción de la esfera del remate desde la parte superior hasta la parte angosta (**a**); corte un círculo de tela para cada remate con un radio de 2.5 cm (1") más de la medida que tomó. Mida también la parte del remate del cuello a la base (**b**). Corte un círculo de tela para cada remate con un radio de 2.5 cm (1") más que la medida tomada.

2) Centre la esfera del remate en el primer círculo de tela y envuelva la tela alrededor de la esfera sujetándola en la parte angosta del remate con una liga, distribuya los pliegues. Recorte hasta dejar a 1.3 cm (¹/₂") de la liga.

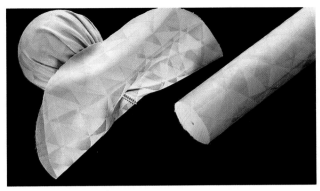

3) Perfore el centro del segundo círculo de tela. Tuerza la tela sobre el tornillo y fije el remate al cortinero.

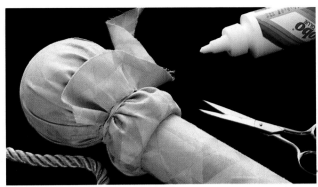

4) Aplique unas gotas de pegamento alrededor de la parte angosta. Envuelva el segundo círculo alrededor de esta parte y sujétela con una segunda liga, acomodando los pliegues. Deje que el pegamento seque. Recorte la tela cerca de la liga y cubra la liga con cordón, galón o listón.

Cómo hacer un remate de holán

1) Mida la esfera del remate y corte un círculo de tela para cada remate, como en el paso 1 en la página opuesta para hacer un remate cubierto. Mida la corona del remate como en el paso 1; corte dos círculos de tela para cada uno con el radio de cada círculo igual a la medida que tomó más el tamaño del holán agregándole 1.3 cm ($^1/_2$").

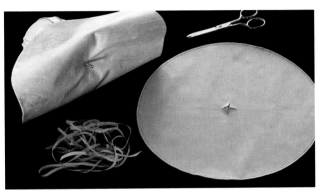

2) Acomode los círculos de tela para la corona, junte el derecho de las telas y haga una costura de 6 mm ($^1/_4$"). Recorte dejando 3 mm ($^1/_8$"). Corte una "X" de 2.5 cm (1") a través del centro de una capa de tela. Voltee hacia el derecho por esa abertura y planche. Termine como en los pasos 2 a 4 de la página opuesta para el remate forrado, pero no corte el holán.

Cómo instalar un cortinero forrado con remates

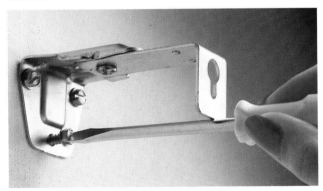

1) Fije las escuadras a la pared o marco de la ventana mediante tuercas de expansión (página 26) o con tornillos de cabeza plana (página 28).

2) Fije los tornillos al cortinero forrado, colocándolos a la misma distancia que las aberturas en las escuadras. Cuelgue el cortinero forrado en las escuadras.

Festones tipo mariposa

Los festones tipo mariposa tienen un aspecto informal y suave. La orilla de la galería está adornada con un holán de la misma tela y, para confeccionarlo con facilidad, el festón se pliega con cinta especial de dos cordones.

Los festones tipo mariposa se fijan a una tabla de montaje. Determine el ancho ya terminado de una galería montada ya sea dentro o fuera del marco de la ventana, como lo hizo para una galería tipo diligencia (página 31). Si lo va a montar por fuera, los lados de la tabla de montaje quedarán a la vista porque los lados del festón no cubren los costados. Para que se note menos, forre la tabla con tela igual a la del festón. Para obtener una buena proporción, la parte central tiene una caída de dos terceras a tres cuartas partes del ancho del festón terminado.

✄ Instrucciones de corte

Si va a utilizar esta decoración en una ventana más ancha que la tela, siempre que le sea posible, acomode la tela a lo ancho para evitar costuras. Si esto no es posible, haga las costuras de modo que queden en el lugar donde va a plegar, para así ocultarlas en los frunces.

Corte la tela para decoración y el forro del mismo tamaño. El ancho cortado de las telas es igual al ancho terminado de la galería, más 2.5 cm (1") para la pestaña de costura, restándole dos veces el ancho del holán terminado. Cuando ponga la tela a lo ancho, el ancho completo de la tela se utiliza para el largo de corte. De otro modo, el largo de corte de la tela será de 115 a 137 cm (45" a 54"), lo que da de 38 a 46 cm (15" a 18") de caída al centro del festón.

Si el holán forrado de la misma tela va a quedar de 6.5 cm (2 $^1/_2$"), corte las tiras de tela de 15 cm (6") de ancho. Para calcular el largo total de corte de las tiras, multiplique la distancia alrededor de los costados y orilla inferior de la galería por dos, si lo desea al doble, o por tres si lo quiere al triple. Una las tiras de tela según las necesite.

Corte dos tiras de cinta para plegar, con el largo de cada tira igual al largo de corte de la galería, menos el ancho de la tabla de montaje.

MATERIALES NECESARIOS

Tela para decoración para la galería y el holán.

Tela para forro.

Cinta para pliegue de dos cordones.

Tabla para montar la cortina, cortada igual que si fuera para tipo diligencia (página 31).

Engrapadora para tapicería, grapas.

Escuadras de metal, tornillos de cabeza plana o tuercas de expansión (página 28) para montaje fuera del marco de la ventana.

Tornillos de cabeza plana (página 28) para montaje dentro del marco de la ventana.

Cómo coser un festón mariposa

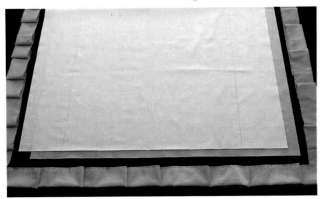

1) Una las telas por el ancho si es que no coloca la tela a lo ancho. Señale por el derecho del forro las líneas verticales de colocación para la cinta de plegar. Doble la tira del holán por la mitad a lo largo, poniendo juntos los lados del revés. Planche. Cosa por las líneas de pliegue haciendo zigzag sobre un cordón, como se indica en la página 101, paso 9.

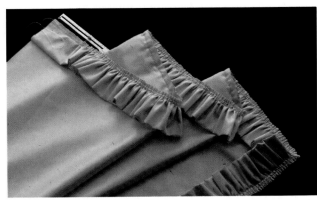

2) Mida la distancia alrededor de los lados y la orilla inferior de la galería. Divídala en cuatro partes y señale con alfileres. Prenda el holán al lado derecho de la galería, uniendo por las marcas de los alfileres. Jale los hilos de pliegue a la medida deseada. Deje la tira de holán lisa en la orilla superior en una distancia igual al ancho de la tabla de montaje. Cosa apenas a 1.3 cm ($^1/_2$") de las orillas cortadas.

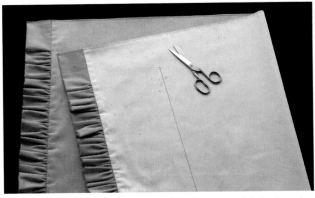

3) Acomode las telas del forro y de la galería por el lado derecho de ambas, haga coincidir las orillas cortadas. Prenda. Haga una costura de 1.3 cm ($^1/_2$") alrededor de los costados y orilla inferior de la galería. Corte las esquinas diagonalmente. Voltee el derecho de la galería hacia afuera y planche. Termine el borde superior.

4) Doble hacia abajo 6 mm ($^1/_4$") en ambos extremos de las piezas de la cinta para plegar. Prenda la cinta en su lugar, comenzando en la orilla inferior y centrándola sobre las líneas marcadas en el forro. La cinta no debe llegar a la orilla superior. Haga tres hileras de puntadas sobre la cinta, a través de todas las capas de tela. Cosa primero el centro y después las orillas.

5) Anude los cordones en la parte superior de la cinta. Jálelos desde el extremo inferior, plegando la tela al largo deseado. Cerciórese de que ambas cintas plegadas tienen el mismo largo. Amarre los extremos y oculte los cordones detrás de la galería.

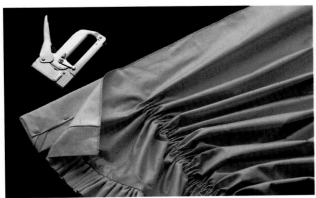

6) Forre la tabla de montaje con la misma tela (página 29). Engrape la galería a la tabla. Monte la galería (páginas 28 y 29).

Festones con jareta y cascadas laterales

Esta manera de adornar las ventanas no sólo es fácil de confeccionar, sino que también se instala con más facilidad que otros festones. Simplemente se inserta la varilla de la cortina en la jareta y se reparten los pliegues hasta que queden bien distribuidos. Cuando se utiliza una tela estampada, hay que seleccionar uno de los colores de ésta para destacar el color en los festones.

Los festones se emplean con o sin cascadas laterales. Las cascadas dan un aspecto más vertical al ornamento de la ventana. Cuando se utilizan festones y cascadas sobre cortinas, las cascadas pueden armonizar con las cortinas, para que combinen bien, o contrastar si destacan un color del estampado de los festones.

Para esta manera de decorar ventanas, se recomienda una triple amplitud. Así, la cascada cubre aproximadamente 38 cm (15") del ancho de la ventana y cada festón, entre 25.5 y 30.5 cm (10" a 12") del ancho. Si no va a coser cascadas para los laterales de las ventanas, determine el número de festones que necesita y divida el ancho de la ventana entre 25.5 cm (10"), redondee la cantidad si es necesario, al número entero más cercano. Si confecciona cascadas, reste primero 76 cm (30") del ancho de la ventana y divida el ancho restante entre 25.5 cm (10") a fin de determinar el número de festones.

✂ Instrucciones de corte

Para determinar el ancho de la jareta, aumente 2.5 cm (1") para holgura a la medida del ancho de la varilla. El largo de corte de cada lienzo para festón es del doble del largo deseado y el doble de la medida de la jareta, más dos veces la profundidad de la galería, 7.5 cm (3") para abombar y 2.5 cm (1") para pestañas de costura.

Un ancho de tela forma tres festones. Si las dos telas que usa son de anchos diferentes, corte la tela más ancha a la misma medida de la más angosta. Corte cada tela al largo que calcule y después corte a lo largo en tres partes.

El extremo corto de las cascadas es igual al largo terminado de los festones. El extremo largo debe quedar por lo menos 30.5 cm (12") más largo que el extremo corto, aunque puede tener dos tercios del alto de la ventana, ya sea a la altura del antepecho o a la de la guarnición. Si debajo va a tener cortinas, por lo general, el extremo largo mide las dos terceras partes de las cortinas.

El largo de corte de las cascadas es igual al largo terminado en el extremo largo, más el grueso de la jareta, el de la galería y 5 cm (2") más para pestañas de costura. Para cada cascada se necesita un largo cortado de cada una de las dos telas.

MATERIALES NECESARIOS

Telas para decoración en dos colores contrastantes.

Varilla plana para cortinero, la saliente de la varilla debe tener por lo menos 5 cm (2") más que la saliente de las cortinas que vayan abajo o cualquier otra decoración.

Cómo coser festones con jareta

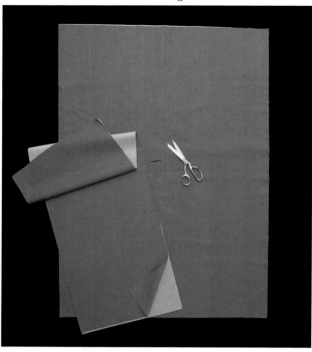

1) Acomode la tela decorativa y el forro por el derecho de ambas telas. Divida el ancho de la tela en tres partes iguales, márquelas y corte.

2) Haga una costura de 1.3 cm ($^1/_2$") para unir los lienzos de la vista y del forro, por los cuatro lados, deje una abertura de 15 cm (6") en la orilla superior para voltear. Recorte las esquinas, voltee al derecho y planche.

3) Mida el tamaño combinado de la jareta y galería desde la orilla superior del lienzo. Doble esta medida en la tela y planche hacia el lado del forro. Mida el espacio de la galería y la jareta desde la orilla inferior del lienzo, doble esta medida y planche hacia el lado de la vista.

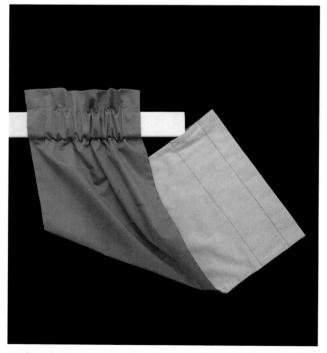

4) Cosa las jaretas para el cortinero. Insértelo en la jareta de la orilla superior. Doble después el lienzo hacia abajo y deslice el cortinero en la jareta por la orilla inferior. Repita para los lienzos restantes del festón.

Cómo coser festones de cascadas con jareta

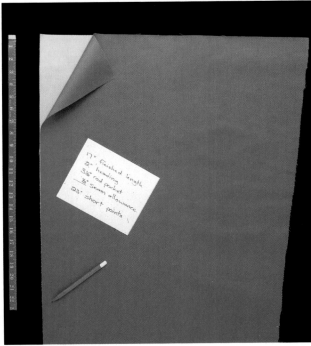

1) Acomode juntos los derechos de la vista y del forro. Determine el largo en los extremos cortos sumando el largo del festón acabado, la profundidad de la galería, el ancho de la jareta y 1.3 cm (¹/₂") para pestañas de costura. Por el lado interior de las cascadas, mida esta distancia desde la orilla superior y señale los extremos cortos.

2) Trace una línea en cada cascada desde la marca en el extremo corto hasta la orilla inferior del lado exterior, o extremo largo. Corte por la línea trazada.

3) Haga una costura de 1.3 cm (¹/₂") por los cuatro lados de los lienzos, dejando una abertura de 15 cm (6") en la orilla superior para voltear. Recorte las esquinas. Voltee el derecho hacia afuera y planche.

4) Mida el largo de la jareta y galería desde la orilla superior de las cascadas. Doble y planche al lado del forro en esta medida. Cosa las jaretas. Inserte el cortinero en las jaretas.

Almohadones

Almohadones

Los almohadones son ideales para crear una atmósfera acogedora y mullida; para jugar con las texturas de una habitación, además de que son muy versátiles para crear un toque decorativo final. En las siguientes páginas encontrará instrucciones para confeccionar diferentes diseños de almohadones, desde aquellos que tienen rosetones, hasta los adornados con cordón gigante.

La mayoría de los almohadones requieren que se corte tanto la vista como el lado opuesto de 2.5 cm (1") más de largo que el tamaño de la pieza terminada. Cuando se emplea una de las formas ya hechas, corte la tela a 2.5 cm (1") más de ancho y de largo que la medida de la forma. Para evitar las esquinas dobladas en los almohadones rectangulares, desvanezca las esquinas de la tela (vea página opuesta).

Si desea facilitar el lavado del forro, ponga un cierre invisible; éste puede insertarse por un lado, para que cierre de manera poco notoria. Cuando cosa los cierres, utilice un prensatelas especial.

Si el almohadón tiene acordonado, resulta más fácil agregar una costura e insertar el cierre por la parte de atrás del almohadón. Para confeccionar una funda de almohadón que tenga costura por la parte de atrás, corte el frente de 2.5 cm (1") más de ancho y de largo que el tamaño del cojín terminado, ó 2.5 cm (1") más que la forma que utilice. Corte una pieza para la parte de atrás del ancho del frente del almohadón y con 9.5 cm (3 ³/₄") más de largo; corte otra pieza del ancho de la vista del almohadón y 6 cm (2 ¹/₄") más corta que el largo del frente del almohadón.

Al terminar la funda, inserte el relleno con la forma del cojín o llene la funda con fibra de poliéster o relleno para colchoneta. Empuje el relleno hacia las esquinas y los lados conforme sea necesario para llenar bien el almohadón. Aunque utilice un relleno con la forma exacta del cojín, tal vez desee agregar fibra de poliéster o relleno para colchoneta en las esquinas y costados.

Cómo evitar que se doblen las esquinas

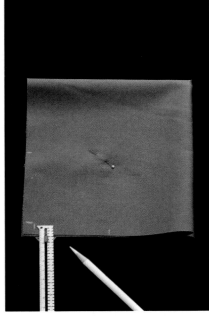

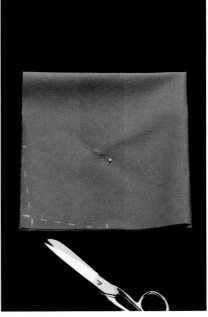

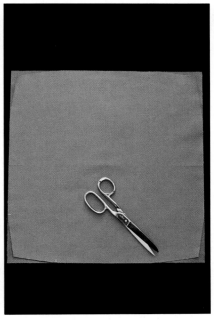

1) Doble la vista del almohadón en cuatro. Señale un punto a la mitad entre la esquina y el doblez en cada lado abierto. Marque un punto en la esquina a 1.3 cm ($^1/_2$") de cada orilla cortada.

2) Marque las líneas, disminuyendo desde la marca en medio de las orillas cortadas hasta la señal en la esquina. Corte por las líneas que señale.

3) Utilice la vista del almohadón como patrón para cortar el trasero del almohadón, a modo que todas las esquinas queden desvanecidas. Si se trata de una funda con cierre, como abajo, puede desvanecer las esquinas después de insertar el cierre.

Cómo coser un almohadón con cierre en la parte de atrás

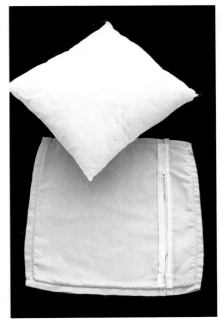

1) Corte las piezas para el almohadón como se indica en la página opuesta. Una las piezas con costuras de 2 cm ($^3/_4$"), hilvanando en el área del cierre. Cosa un cierre que mida 5 cm (2") menos que el ancho terminado del almohadón. Para evitar que se doblen las esquinas, desvanezca las esquinas del almohadón como se indica arriba.

2) Ponga el acordonado (páginas 64 a 67) al frente del almohadón. Prenda la parte del frente a la de atrás, derecho con derecho y haga una costura de 1.3 cm ($^1/_2$"). Voltee al derecho.

3) Meta el relleno en la funda. Rellene las esquinas con fibra de poliéster o material para acolchado, así como los lados del almohadón para llenarlo bien.

Acordonado

Muchos almohadones hechos por decoradores profesionales, vienen acordonados para destacar las orillas. Para
este acordonado se forra un cordón con tiras de tela (página
opuesta); puede hacer un acordonado plegado (páginas 66 y
67) o utilizar cordones retorcidos en espiral (páginas 68 y 69).

Para hacer el acordonado, corte las tiras de tela al sesgo para
que tengan mayor flexibilidad alrededor de las orillas curvas y las
esquinas. Las tiras sesgadas no tienen que ser exactamente al bies,
sino simplemente cortadas en la tela a un ángulo menor de 45
grados y tendrán la flexibilidad necesaria, empleando menos tela.

Para economizar aún más la tela, córtelas transversalmente en lugar
de hacerlo al bies; tenga presente que el acordonado no queda tan liso
y tendrá un aspecto arrugado.

El ancho de las tiras de tela depende del tamaño del acordonado.
Para saber de qué ancho debe cortarlas, envuelva un pedazo de tela
alrededor del cordón. Préndalo envolviendo al cordón. Mida esta
distancia y agregue 2.5 cm (1") para pestañas de costura. Corte las tiras de
tela de este ancho.

El cordón que se compra en carretes grandes tiende a enrollarse y
doblarse aun después de desenrollarlo del carrete. Al coser el acordonado,
tenga cuidado de alisar bien el cordón, quitándole cualquier torcedura para
evitar que el acordonado final aparezca torcido.

Cómo hacer y coser el acordonado

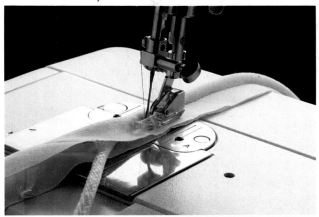

1) Corte tiras de tela como se indica en la página opuesta. Únalas conforme lo necesite para tener el largo deseado. Doble la tira de tela alrededor del cordón, revés con revés y haciendo coincidir las orillas. Utilice un prensatelas para cierre e hilvane a máquina cerca del cordón. Conforme cosa, vaya desenredando el cordón.

2) Cosa el acordonado por el derecho de la tela sobre las puntadas anteriores, haciendo coincidir las orillas cortadas y empezando a 5 cm (2") del final del acordonado; haga cortes y desvanezca el acordonado en las esquinas o en las curvas, conforme lo requiera.

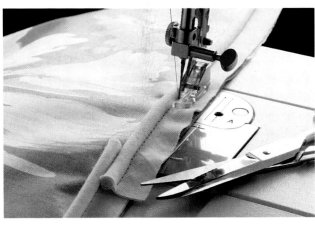

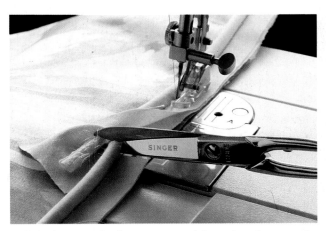

3) Deje de coser a 5 cm (2") del lugar donde se encuentran los extremos del acordonado. Corte un extremo del acordonado para que traslape 2.5 cm (1") sobre el otro extremo.

4) Quite las puntadas de un extremo del acordonado y corte las puntas del cordón hasta que se junten sin encimarse.

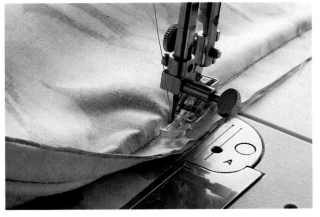

5) Doble 1.3 cm (¹/₂") de tela hacia adentro en el extremo del acordonado que traslapa. Acomódelo sobre el otro extremo y termine la costura hasta el frente del almohadón.

6) Utilice el prensatelas para cierres y una el frente del almohadón con el trasero del mismo, derecho con derecho, cosiendo por dentro de la línea anterior de costura, apretando las puntadas contra el acordonado. Si no lleva cierre, deje una abertura en uno de los lados para poder voltearlo.

Acordonado con pliegues

El acordonado con pliegues se utiliza para abullonar las orillas del almohadón, lo que añade atractivo a la textura del mismo. Para un efecto muy notorio, utilice cordón gigante o extragrueso.

Corte el largo del cordón gigante de aproximadamente 25.5 cm (10") más largo que la distancia que vaya a acordonar. Las tiras de tela para el acordonado con pliegues se cortan al hilo de la tela. El ancho de dichas tiras depende del diámetro del acordonado. Para saber de qué ancho debe cortar las tiras, envuelva un trozo de tela alrededor del cordón y auméntele 5 cm (2") para holgura y pestañas; las tiras rectas deben cortarse de este ancho. El largo combinado de las tiras debe medir de dos a tres veces el largo del cordón para poder abullonarlo bien.

Cómo hacer y colocar el acordonado plegado

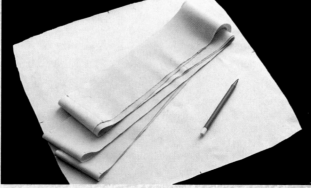

1) **Una** las tiras de tela en un círculo continuo. Divida la tira de tela y la orilla exterior del almohadón en cuatro partes y márquelas con pluma de tinta soluble en agua.

2) **Doble** la tira alrededor del cordón, revés con revés, haciendo coincidir las orillas cortadas. Fije el cordón a la tira a 10 cm (4") del extremo con un alfiler de seguridad. Utilice un prensatelas para cierre y haga una costura a 1 cm (³/₈") de la orilla, por espacios de 25.5 a 30.5 cm (10" a 12").

3) Jale el cordón suavemente y empuje la tira de tela hacia atrás, en dirección del extremo del cordón, hasta que la tela detrás de la aguja esté completamente plegada. Haga cada vez tramos de 25.5 a 30.5 cm (10" a 12") dejando una abertura de 15 cm (6") si el acordonado tiene pliegue doble, o de 23 cm (9") si el pliegue es al triple.

4) Prenda el acordonado plegado al derecho del frente del almohadón haciendo coincidir las orillas cortadas y las marcas de alfileres. Distribuya los pliegues en forma pareja. Haga la costura a 1.3 cm ($^1/_2$") de la orilla cortada usando un prensatelas para cierres y dejando una abertura de 7.5 cm (3") en el acordonado plegado. Dé holgura al acordonado en las esquinas y en las curvas. Para ayudarle a hacer pasar los pliegues, puede utilizar un descosedor de costuras.

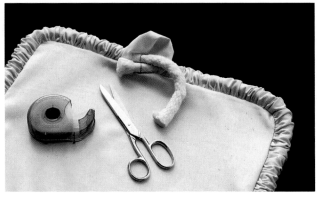

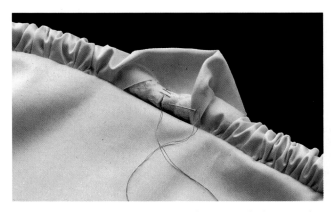

5) Voltee el acordonado a la posición de terminado. Ajústelo en las esquinas para que se adapte bien al contorno del almohadón. Haga una señal en cada extremo del cordón para que las líneas marcadas apenas se toquen. Envuelva con cinta adhesiva transparente los extremos de los cordones por las líneas que marcó. Corte el cordón sobrante por las líneas marcadas.

6) Cosa a mano los extremos del cordón, pasando las puntadas sobre la cinta adhesiva.

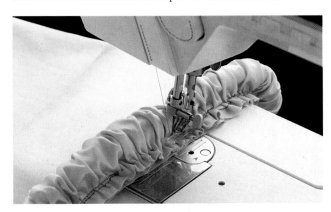

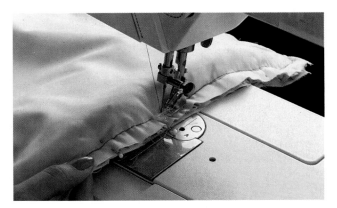

7) Doble la tela alrededor del acordonado en la abertura y cosa reuniendo los hilos en la abertura y jalándolos para plegar el acordonado restante. Distribuya los pliegues parejo. Cosa el acordonado a la tela.

8) Cosa el trasero del almohadón al frente del mismo, poniendo derecho con derecho. Utilice un prensatelas para cierre. Cosa dentro de la línea anterior de costura. Si el almohadón no lleva cierre, deje una abertura en un lado para voltearlo.

Cordón en espiral con galón

El cordón en espiral con galón es una alternativa del cordón forrado. Tiene una tira de galón o pestaña que puede embeberse en las costuras. El cordón de rayón, de apariencia brillante, se maneja con más dificultad que el de algodón.

La orilla interior del galón no se ve desde el lado derecho del acordonado. Para coser con más facilidad y obtener mejor acabado en la vista del almohadón, el cordón se aplica al revés del almohadón, con el lado derecho de tela y cordón hacia arriba. Los extremos del cordón se tuercen juntos para unirlos de la manera menos notoria.

Cómo aplicar el cordón en espiral a un almohadón

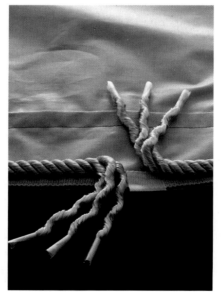

1) Cosa el cordón en espiral por la parte trasera del almohadón, usando un prensatelas para cierres, derecho con derecho y haciendo coincidir la orilla cortada de la tela con la orilla de la cinta del cordón. Deje sin coser 3.8 cm (1 ¹/₂") entre los extremos y deje 7.5 cm (3") de cordón libre en las puntas.

2) Quite las costuras de la cinta del cordón. Quite las puntas de remate de los cordones y envuelva los extremos del cordón con cinta adhesiva transparente para evitar que se deshilachen. Recorte la cinta del acordonado hasta 2.5 cm (1") de las puntadas. Traslape los extremos y fíjelos con cinta adhesiva transparente. Acomode los cordones para que los de la derecha queden arriba y los de la izquierda, abajo.

3) Inserte los cordones en el extremo derecho bajo la cinta del acordonado, jalándolos y moviéndolos hasta que recuperen su forma original. Fíjelos en su lugar con alfileres o cinta adhesiva transparente.

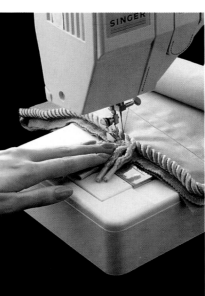

4) Jale y mueva los cordones de la izquierda sobre los cordones de la derecha hasta que los extremos se vean como un cordón continuo. Revise ambos lados del cordón.

5) Acomode el prensatelas para cierres a la izquierda de la aguja, lo que le permitirá coser en dirección de la espiral. Hilvane a máquina a través de todas las capas para fijar el acordonado en la línea de la costura. Si no hace esto, puede hilvanar a mano.

6) Ponga la parte de atrás del almohadón sobre la del frente, derecho con derecho. Cosa lo más cerca posible del acordonado, siempre usando un prensatelas para cierre. Si la funda no lleva cierre, deje una abertura en uno de los lados para voltear. Ponga la vista del almohadón hacia arriba y cosa de nuevo, acercando más las puntadas al acordonado.

Almohadones tipo mariposa

Este almohadón abultado está adornado con cordón en espiral, lo cual le da un efecto dimensional. El almohadón tipo mariposa consiste en dos almohadones, uno cuadrado y uno rectangular unidos firmemente por el centro. El cordón en espiral se cose a la parte de atrás del almohadón, para mayor facilidad y dar mejor acabado al frente del mismo. Si le agrada, puede utilizar cordón forrado de tela en lugar del cordón en espiral. Cuando utiliza el cordón forrado, se aplica al frente del almohadón (páginas 64 y 65).

✂ Instrucciones de corte

Corte dos rectángulos de 38 × 48.5 cm (15" × 19"), dos cuadrados de 38 cm (15") y dos cuadrados de 5 cm (2") de tela para decoración.

MATERIALES NECESARIOS

0.95 m (1 yd.) tela para decoración.

3.9 m (4 ¼ yd.) de cordón en espiral. Si utiliza dos colores, necesitará 1.95 m (2 ⅛ yd.) de cada uno.

Un relleno para almohadón en forma rectangular de 35.5 × 46 cm (14" × 18").

Un relleno para almohadón en forma cuadrada de 35.5 cm (14").

Cómo coser un almohadón mariposa

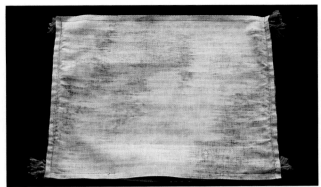

1) Prenda tramos de 38 cm (15") del cordón a la tela, derecho con derecho, en los lados de 38 cm (15") de la parte trasera del almohadón rectangular y en dos lados opuestos de la parte trasera del almohadón cuadrado. Descosa 2.5 cm (1") de la cinta del cordón en cada extremo. Destuerza ligeramente cada extremo y doble el cordón dentro de la pestaña de costura. Prenda. Utilice un prensatelas e hilvane a máquina el cordón en su lugar.

2) Prenda los rectángulos, derecho con derecho. Ponga la parte de atrás del almohadón hacia arriba y cosa el perímetro, con las puntadas lo más cerca posible del acordonado en los lados, y dejando costuras de 1.3 cm (¹/₂") en las orillas superior e inferior. Deje una abertura de 20.5 cm (8") en el centro de la orilla inferior para voltear.

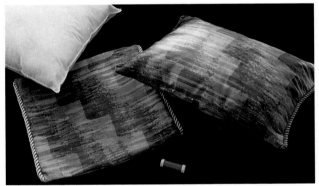

3) Repita el paso 2 para el almohadón cuadrado. Inserte las formas y cierre las aberturas con punto deslizado.

4) Quite la cinta del resto del acordonado. Centre el cojín cuadrado sobre el rectangular y envuelva dos veces con la cinta que quitó, apretando bien. Amarre en la parte inferior de los almohadones. Meta los extremos de la cinta entre los almohadones.

5) Corte el cordón restante en dos si es que utilizó un solo color. Cosa los extremos juntos por el derecho de un cuadrado de tela de 5 cm (2"), con puntadas a 6 mm (¹/₄") de la orilla cortada de la tela. Corte los extremos del cordón. Doble el cuadrado hacia abajo y doble todas las orillas hacia adentro, cubriendo los extremos del cordón; cosa a mano. Tuerza el cordón muy apretado y sujete el segundo extremo con un cuadro de tela, como lo hizo en el primero.

6) Envuelva dos veces el cordón alrededor de los almohadones. Meta los extremos entre los almohadones o debajo del cordón retorcido.

Almohadones con nudos en las esquinas

Para los almohadones con nudos en las esquinas, el acordonado gigante además de rodearlo, forma nudos en forma de ocho en las esquinas. Las versiones pequeñas de estos almohadones adornan los sofás o sillones. Los más grandes sirven como cojines cómodos para el piso.

A fin de simplificar los detalles creativos y que se puedan coser con más facilidad, los cordones forrados se jalan a través de jaretas de la misma tela en los cuatro lados del almohadón. Para asegurar los extremos del cordón, conviene forrarlos con cinta adhesiva para que no se deshilachen mientras hace el acordonado.

✂ Instrucciones de corte

Corte la vista y la parte de atrás con 2.5 cm (1") más de largo y de ancho que la medida de la forma para el almohadón. Mida la altura de la forma. Mida desde las esquinas del almohadón por el frente y la parte de atrás a la mitad de la altura del almohadón y señale con muescas.

Mida la circunferencia del cordón gigante con suficiente holgura. Corte cuatro jaretas de tela para los lados del almohadón, con el ancho de cada jareta igual a la circunferencia, más 2.5 cm (1"), y el largo, igual a la distancia entre las muescas más 5 cm (2"). Si utiliza una tela con textura, deberá cortar las jaretas 1 cm (³/₈") más anchas, para que pueda jalar el cordón forrado con mayor facilidad.

Corte las tiras de tela a modo que cubran el acordonado gigante; el ancho de las tiras debe ser igual al ancho de las jaretas, y el largo total de las tiras, igual al largo del acordonado.

MATERIALES NECESARIOS

1.15 m (1 1/4 yd.) de tela para decoración, si va a confeccionar un almohadón de 52 cm (20").

Cordón gigante, de un largo igual al perímetro del almohadón más 152.5 cm (60"): para cada nudo se ocupa alrededor de 30.5 a 38 cm (12" a 15"), dependiendo del grueso del cordón.

Entretela adherible con calor.

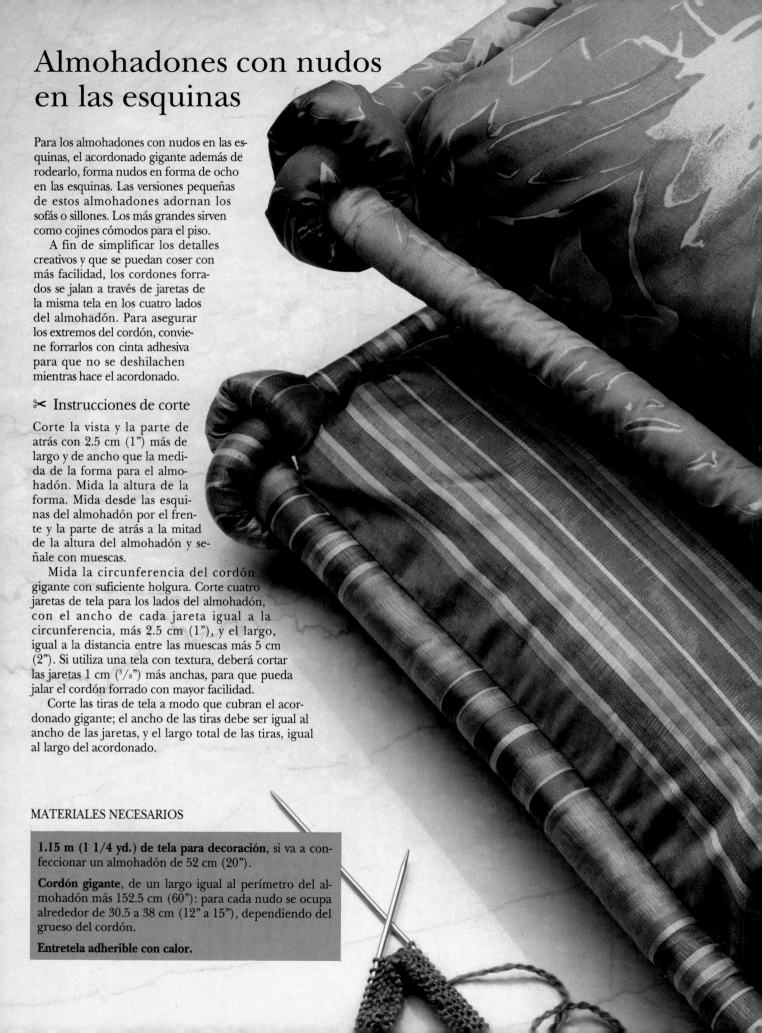

Cómo coser un almohadón con nudos en las esquinas

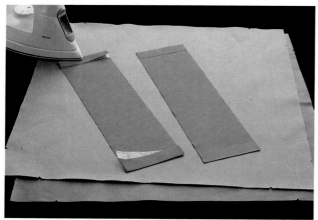

1) Haga muescas en el frente y parte trasera del almohadón, como se hicieron en la página 72. Planche hacia el revés 2.5 cm (1") en los extremos cortos de las jaretas de tela y fije en su lugar con entretela termoadherible.

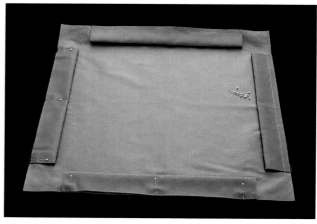

2) Doble las jaretas por la mitad a lo largo, revés con revés y prenda al frente del almohadón entre las muescas, haciendo coincidir las orillas cortadas. Hilvane las tiras en su lugar sobre la línea de costura.

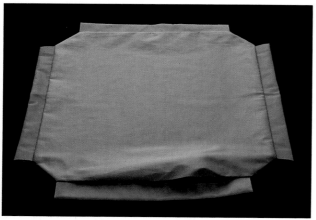

3) Prenda el frente del almohadón a la parte trasera del mismo, derecho con derecho. Haga una costura de 1.3 cm (¹/₂") por los lados del almohadón, cosiendo diagonalmente en las esquinas entre las muescas. Deje una abertura en un lado para voltear. Recorte la tela sobrante en las esquinas. Voltee la funda del almohadón hacia el derecho.

4) Doble la tira de tela por la mitad a lo largo, uniendo derecho con derecho y haga una costura de 1.3 cm (¹/₂"). Voltee el derecho hacia afuera con un alfiler de seguridad grande o un gancho para jareta.

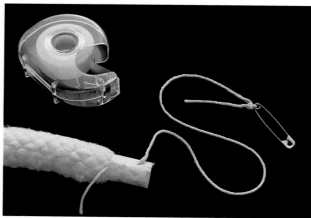

5) Corte un trozo de cordón del largo de un lado del almohadón. Ate un cordel delgado a un extremo del cordón. Fije el cordel delgado al cordón envolviéndolo con cinta de pegar. Ponga un alfiler de seguridad o gancho para jareta en el extremo del cordel.

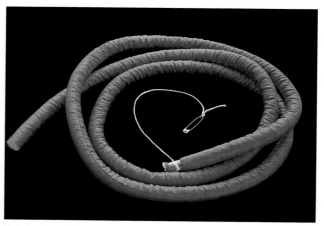

6) Jale el cordel a través de la tira de tela para hacer el acordonado. Ate el cordel alrededor del extremo del acordonado y asegúrelo y envuelva éste con cinta adhesiva.

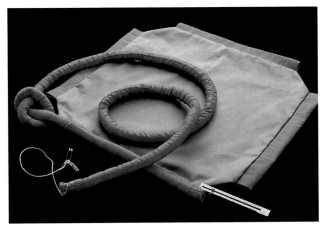

7) Jale el acordonado a través de la jareta en el almohadón, dejando un extremo de 2.5 cm (1") al principio. Haga un nudo sencillo al final de la jareta.

8) Jale el acordonado a través de la siguiente jareta y haga otro nudo sencillo. Repita con las jaretas restantes.

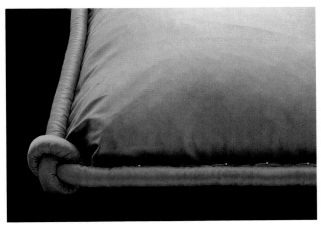

9) Inserte el relleno en el almohadón, como se hizo en la página 63, paso 3; prenda la abertura para cerrarla. Deje todos los nudos del mismo tamaño. Voltee la costura del acordonado hacia la parte interior en cada nudo.

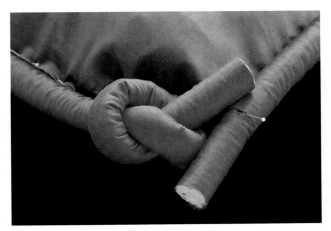

10) Corte el acordonado sobrante en un extremo de manera que el acordonado traslape el principio de la primera jareta.

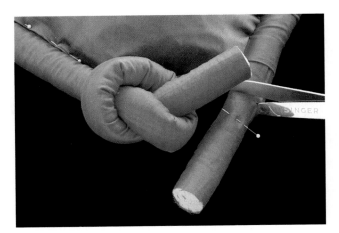

11) Jale el extremo del acordonado para sacarlo de la primera jareta. Córtelo a 2.5 cm (1") de la marca.

12) Una los extremos del acordonado con surjete. Deslice los extremos una vez más hacia la jareta. Cierre la abertura con punto deslizado.

Almohadones en semicírculo

Cuando se enmarcan con un holán y llevan acordonado, estos almohadones en semicírculo lucen bien en cualquier tamaño y son un toque agradable en sofás y camas. El almohadón que se muestra fue hecho con un patrón de 46 cm (18") de ancho y 29.3 cm (11 $^1/_2$") de altura, el holán ya acabado mide 7.5 cm (3"). Cuando se usa cordón torcido en espiral, se aplica a la parte de atrás del almohadón, sobre el holán, lo que permite coserlo con mayor facilidad y le da mejor acabado por el frente. Si utiliza cordón forrado, se aplica por el frente del almohadón.

✂ Instrucciones de corte

Corte el frente y la parte de atrás del almohadón con el patrón, como se indica en la página opuesta. Para el holán,

corte tiras de tela que midan el doble de ancho que el holán más 2.5 cm (1") para pestañas de costura. Si desea que tenga triple pliegue, el largo combinado de las tiras será igual al triple de la medida del lado curvo del patrón.

MATERIALES NECESARIOS

0.7 m (3/4 yd.) de tela para decoración para el almohadón que se ilustra.

1.4 m (1 1/2 yd.) de cordón torcido en espiral, con galón o cinta, o cordón forrado de tela (páginas 64 y 65).

Relleno de fibra de poliéster.

Cómo hacer el patrón para un almohadón en semicírculo

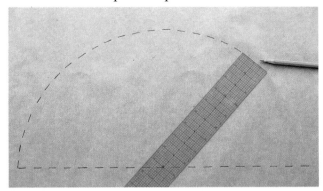

1) Trace una línea punteada sobre papel del largo del diámetro del semicírculo que desea. Marque el semicírculo con una regla y lápiz, midiendo una distancia igual al radio desde el centro de la línea punteada.

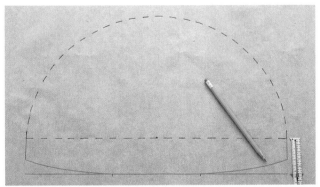

2) Prolongue las líneas de los lados directamente hacia abajo por 3.8 cm (1 $^1/_2$") más, divídala en tres y marque. Trace una línea ligeramente curva entre el lado y la marca a la tercera parte. Corte por esta línea marcada para completar la pieza del patrón.

Cómo coser un almohadón en semicírculo

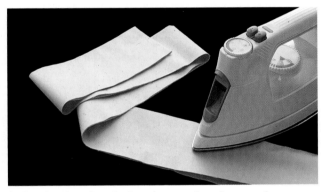

1) Una las tiras de tela derecho con derecho para formar un holán haciendo costuras a 6 mm ($^1/_4$"). Doble la tira por la mitad a lo largo, derecho con derecho y una los extremos con costuras de 6 mm ($^1/_4$"). Voltee el derecho hacia afuera y planche. Haga dos hileras de pespuntes en la tira para plegar a 1.3 cm ($^1/_2$") y a 6 mm ($^1/_4$") de la orilla cortada. También puede hacer un zigzag sobre un cordón, como en la página 101, paso 9.

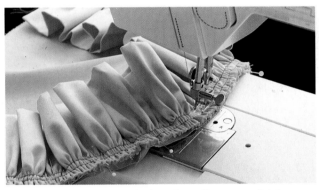

2) Divida en cuatro partes la tira y las orillas curvas del frente y trasero del almohadón y señálelas con alfileres. Acomode la tira sobre la orilla curvada del trasero del almohadón, derecho con derecho, haciendo coincidir las orillas cortadas y las marcas de los alfileres. Jale los hilos plegando hasta que ajuste. Hilvane el holán a máquina dejando las marcas de los alfileres en donde les corresponde.

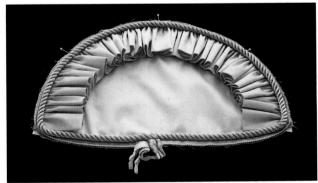

3) Hilvane a máquina el cordón en espiral alrededor de la parte trasera del almohadón, sobre el holán. Una los extremos como en las páginas 68 y 69. Puede hilvanar, si desea, un cordón forrado alrededor del frente del almohadón y unir los extremos como se indica en la página 65.

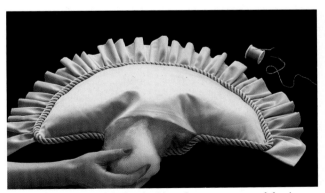

4) Prenda el frente del almohadón a la parte trasera del mismo, derecho con derecho, haciendo coincidir las marcas de los alfileres. Cosa lo más cerca que pueda del acordonado utilizando un prensatelas para cierres. Deje una abertura de 20.5 cm (8") en la parte inferior para voltear el almohadón. Llene el almohadón con fibra de poliéster, empujándola firmemente hacia las esquinas del almohadón y a los lados. Cierre la abertura con punto deslizado.

Almohadones reversibles con rosetón

Un almohadón con rosetón, ideal para la recámara, es simplemente una funda circular para almohadón, anudada alrededor de un relleno para cojín de forma circular. Para hacerlo reversible y darle un buen acabado a las orillas, hay que forrarlo. Escoja telas ligeras para poder sujetarlo firmemente en el centro y evite telas rígidas.

En la orilla exterior de la funda se utiliza cordón torcido en espiral o forrado de tela. El acordonado definirá la orilla ayudando a que destaque el rosetón.

✂ Instrucciones de corte

Corte un círculo de 76 cm (30") de la tela exterior y otro igual para el forro, si desea hacer un almohadón de 30.5 cm (12"). Para un almohadón de 35.5 cm (14"), corte círculos de 89 cm (35") y si va a medir 40.5 cm (16") ya terminado, corte círculos de 102 cm (40"). Para que sea más fácil marcar y cortar los círculos, haga primero un cuadrado de cada tela, con 2.5 cm (1") más de largo que el diámetro del círculo. Siga entonces con el paso 1 en la página opuesta. Corte también una tira de tela de 5 × 46 cm (2" × 18") para anudar el centro del almohadón.

Si va a utilizar cordón forrado en la orilla exterior, corte tiras de tela al bies que midan el largo total de la circunferencia del círculo. Para calcular el largo que necesita, multiplique el diámetro por tres y medio. El ancho de las tiras de bies depende del grueso del cordón (página 64). Para un almohadón de 30.5 cm (12"), el cordón de 3.8 mm ($^5/_{32}$") da buenos resultados y si se trata de un almohadón mayor, utilice cordón de 4.8 mm ($^8/_{32}$").

MATERIALES NECESARIOS

Telas para decoración para la vista y el forro.

Cordón en espiral, con galón o con cinta, o cordón y tela para forrarlo.

Relleno de hulespuma de forma circular para el almohadón.

Cómo coser un almohadón reversible con rosetón

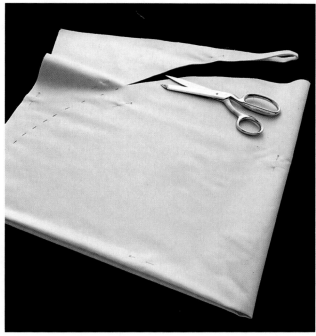

1) Doble la tela en cuatro partes con el derecho hacia adentro. Señale la cuarta parte del círculo en la tela con regla y lápiz, midiendo una distancia igual al radio desde el centro doblado de la tela. Corte por la línea marcada a través de todas las capas. Haga muescas en los dobleces de la tela cortada. Utilícelo como patrón para cortar y marcar el otro círculo de tela.

2) Coloque el cordón en la orilla exterior de uno de los círculos de tela, como se indica en las páginas 68 y 69, pasos 1 al 5. También puede hacer cordón forrado y coserlo en la orilla exterior, como en la página 65, pasos 1 al 5. Prenda los círculos de tela, derecho con derecho, uniendo las muescas. Cosa cerca del acordonado guiándose con un prensatelas para cierre y dejando una abertura de 15 cm (6") para voltear.

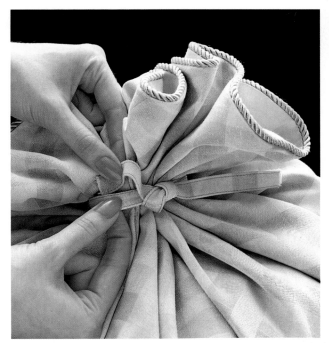

3) Voltee al derecho la funda del almohadón y planche. Cierre la abertura con punto deslizado. Centre la forma para el almohadón en la tela y cubra, juntando la tela alrededor de la forma y asegurándola con una liga. Acomode los pliegues y distribuya el acordonado para obtener el efecto deseado.

4) Doble la tira de tela para amarrar por la mitad a lo largo, revés con revés y planche. Doble las orillas cortadas hacia el centro y planche. Doble de nuevo y haga un pespunte en ambas orillas largas. Ate alrededor de la tela sujeta por la liga ocultando ésta y apretando fuertemente la funda del almohadón. Corte los extremos del largo deseado. Meta los extremos bajo la cinta para ocultarlos.

Almohadones con bandas diagonales

Los almohadones con bandas diagonales coordinan bien con la decoración de ventanas con festones tipo pañuelo y pueden tener en el centro de la banda ya sea un rosetón o una abrazadera de tela. El rosetón también se puede poner en el centro de un visillo semicircular, en una ventana tipo paladino o en arco (páginas 42 y 43).

✂ Instrucciones de corte

Corte dos cuadrados de tela de 43 cm (17") para el cojín y un cuadrado de 58.5 (23") para la banda. Corte tiras al bies de tela contrastante para el acordonado; el largo total de las tiras debe ser de 1.85 m (2 yd.); añada las tiras según sea necesario. El ancho de las tiras depende del tamaño del cordón (página 64).

Si el cojín lleva un rosetón, corte también un círculo de tela contrastante de 63.5 cm (25") para hacerlo. Para que sea

más fácil marcar y cortar el círculo, corte un cuadrado de tela de 66 cm (26") y siga después el paso 1 de la página 79.

Si desea un almohadón con una abrazadera de tela, corte un rectángulo de tela contrastante de 12.5 × 15 cm (5" × 6") para confeccionarlo.

MATERIALES NECESARIOS

0.5 m (¹/₂ yd.) de tela para decoración para el almohadón.
1.4 m (1 ¹/₂ yd.) de tela para decoración contrastante para confeccionar el rosetón, la banda y el bies para el acordonado del almohadón con rosetón.
0.7 m (³/₄ yd.) de tela para decoración contrastante para confeccionar la abrazadera de tela, la banda y el bies para el acordonado.
1.85 m (2 yd.) de cordón.
Relleno de poliuretano para el almohadón de 40.5 cm (16").

Cómo hacer un rosetón

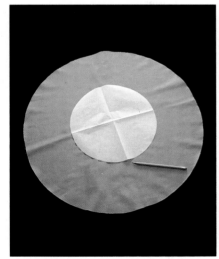

1) Señale el centro del círculo del rosetón con un lápiz por el derecho de la tela. Haga un patrón de papel del círculo con un diámetro de 30.5 cm (12") y márquele el centro. Junte los centros de los círculos de tela y papel y trace el contorno del círculo de papel por el lado derecho de la tela.

2) Acabe la orilla exterior del círculo usando puntada de zigzag u overlock. Hilvane a mano por las líneas marcadas del círculo pequeño utilizando un hilván de 1.3 cm ($^1/_2$"). Jale los hilos del hilván y fíjelos. Hilvane a mano alrededor de la orilla exterior y apriete las puntadas del hilván, fijándolas sin cortarlas.

3) Acomode el extremo del borrador de un lápiz en el centro que marcó en el rosetón. Empuje el centro del abullonado más pequeño a través de la abertura en el centro del abullonado grande. Fije la tela por el revés y no corte los hilos sobrantes.

Cómo coser un almohadón con banda diagonal y rosetón

1) Doble un cuadrado de tela de 58.5 cm (23") en dos, derecho con derecho. Una con costura las orillas largas y planche la costura abriéndola. Voltee el tubo para que el derecho quede afuera y centre la costura en la parte inferior del tubo, haciendo coincidir las orillas cortadas. Planche el doblez pero no planche las orillas laterales.

2) Abra la banda e hilvane a mano sobre la línea planchada del doblez. Jale los hilvanes y apriete para cerrar la banda al centro.

3) Acomode diagonalmente la banda a través de la parte superior del almohadón, ambos derechos de la tela hacia arriba, prendiendo las costuras de la banda en las esquinas de la parte superior del almohadón. Recorte la tela sobrante de la banda.

4) Haga el ribete y colóquelo en la parte superior del almohadón, como se indica en la página 65, pasos 1 a 5.

5) Acomode la parte trasera del almohadón sobre el frente, derecho con derecho. Cosa alrededor de todos los lados del almohadón, cerca del cordón, utilizando un prensatelas para cierres. Deje una abertura en uno de los lados para voltear.

6) Voltee el derecho del almohadón hacia afuera. Inserte la forma. Cosa a mano el rosetón a la banda, sobre las puntadas de los hilvanes. Cierre con punto deslizado la abertura del almohadón.

Cómo coser un almohadón con banda diagonal y abrazadera de tela

1) Complete los pasos del 1 al 4 en la página opuesta y el 5 en esta página. Doble un rectángulo de tela de 12.5 × 15 cm (5" × 6") por mitad a lo largo, derecho con derecho. Haga una costura de 1.3 cm (1/2") por la orilla de 15 cm (6"). Voltee el derecho hacia afuera. Planche plano, con la costura centrada por el lado inferior de la abrazadera.

2) Voltee el almohadón al derecho. Meta el relleno. Doble hacia adentro un extremo de la abrazadera. Envuelva la abrazadera alrededor de la banda, insertando la orilla cortada en el extremo doblado. Cosa en su lugar con punto deslizado. Voltee la abrazadera para que la costura quede abajo. Cierre con punto deslizado la abertura del almohadón.

Almohadones cilíndricos reversibles

El almohadón cilíndrico reversible tiene un ribete acordonado que le da mayor realce y atractivo. Este suave almohadón es en realidad un cilindro formado con un lienzo de tela y el relleno, enrollados juntos para facilitar la confección. Se forra para dar un acabado a las orillas y hacerlo reversible. Los extremos del cilindro se atan con moños.

La tela a rayas del almohadón que se ilustra, se puso a lo ancho (página 21) de modo que las listas rodean el cilindro. Para hacer esto, se requiere más tela.

✂ Instrucciones de corte

Para el cuerpo del almohadón, corte un rectángulo de tela para decoración y uno para el forro de 45 × 115 cm (18" × 45") cada uno. Para el acordonado, corte tiras de tela al bies con un largo total de 3 m (3 ¼ yd.) El ancho de las tiras depende del diámetro del cordón (página 64). Para las cintas, corte dos tiras de tela de 3.8 × 71 cm (1 ½" ×

28"). Corte todos los rectángulos de 30.5 × 76 cm (12" × 30") del relleno de poliéster que sean necesarios para alcanzar un grueso de 5 a 7.5 cm (2" a 3").

MATERIALES NECESARIOS

0.5 m (¹/₂ yd.) de tela para decoración para el cuerpo del almohadón o, si acomoda la tela a lo ancho, 1.15 m (1 ¹/₄ yd.).

0.5 m (¹/₂ yd.) de tela contrastante para el forro.

0.7 m (³/₄ yd.) de tela que armonice o contraste, para las cintas y el acordonado.

3 m (3 ¹/₄ yd.) de cordón.

Relleno de poliéster para acolchar.

Cómo coser un almohadón cilíndrico

1) Redondee las esquinas en un extremo corto del rectángulo. Haga el cordón como en la página 65, paso 1. Hilvane a mano el cordón por el derecho de uno de los lienzos, haciendo coincidir las orillas cortadas por los lados largos y el extremo redondeado; haga la costura sobre las puntadas anteriores. Dé holgura al acordonado en las esquinas y deje por lo menos 7.5 cm (3") de acordonado en los extremos.

2) Quite las puntadas de los extremos del acordonado. Recorte los cordones a 1.3 cm (¹/₂") de las orillas cortadas de la tela del almohadón. Doble la tira de tela sobrante en ángulo sobre el acordonado, y luego diagonalmente, como se muestra. Prenda y cosa en su lugar.

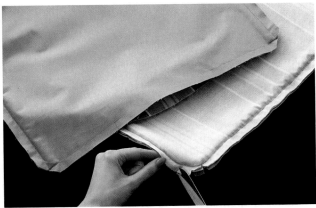

3) Prenda los lienzos de tela, derecho con derecho. Cosa alrededor del almohadón lo más cerca posible del acordonado y deje una abertura de 15 cm (6") en el extremo que no tiene acordonado. Corte muescas en las orillas redondeadas para quitar el exceso de tela. Voltee el derecho hacia afuera y planche. Cosa la abertura para cerrarla.

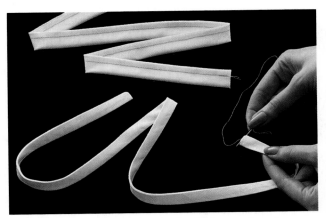

4) Doble cada cinta por la mitad a lo largo, derecho con derecho, haciendo una costura de 6 mm (¹/₄") por la orilla larga. Utilice un volteador para bies para que el derecho de las cintas quede hacia afuera. Doble los extremos hacia adentro y cóselos.

5) Centre el relleno sobre el rectángulo ya terminado. Enrolle la tela hasta el relleno, empezando por el extremo sin acordonado.

6) Siga enrollando la tela y el relleno juntos sin apretar demasiado. Fije bien los extremos. Acomode el acordonado en los extremos para obtener un efecto en espiral.

Labores para recámara

Fundas para almohada en forma de sobre

Estas fundas para almohada se abren como un sobre y esto facilita guardarles las almohadas; la aletilla se cierra con cinta Velcro^MR. La orilla se ribetea con cordón gigante, sencillo o plegado. Se emplean para decoración tradicional o contemporánea y se pueden confeccionar para cualquier tamaño de almohada.

✂ Instrucciones de corte

Corte un rectángulo de la tela para la parte trasera de la almohada y la parte interior de la aleta. El ancho de corte es igual al ancho de la almohada, más 2.5 cm (1") para pestañas de costura. El largo de corte es igual a un tanto y dos tercios del largo de la almohada, más 2.5 cm (1") para pestañas de costura.

Corte un rectángulo de tela para el frente de la almohada. El ancho de corte es igual al ancho de la almohada, más 2.5 cm (1") para pestañas de costura; el largo de corte es igual al largo del almohada más 5 cm (2") para las pestañas del dobladillo y de costura.

Corte un rectángulo de tela para la vista de la aleta. El ancho de corte es igual al ancho de la almohada más 2.5 cm (1") para pestañas de costura; el largo de corte es igual a las dos terceras partes del largo del almohada más 5 cm (2") para las pestañas del dobladillo y el traslape.

Corte las tiras de tela para forrar el cordón gigante (página 66) ya sea sencillo o plegado (página 66).

MATERIALES NECESARIOS

Tela para decoración para la almohada.

Tela para decoración para el acordonado. Calcule 0.5 m (¹/₂ yd.) cuando se trate de acordonado sencillo y 0.95 m (1 yd.) si se trata de acordonado con pliegue doble. Si se trata de plegado al triple para cordón gigante, 1.4 m (1 ¹/₂ yd.). La cantidad exacta de tela dependerá del ancho de la misma, y de las dimensiones del almohada, así como del diámetro del cordón y la amplitud del pliegue.

Cordón gigante suficiente para cubrir alrededor de la almohada y la aleta.

Cinta Velcro^MR 2.5 cm (1") para abrochar.

Cómo confeccionar una funda de sobre

1) Doble el revés del forro de la aleta y la vista de ésta por la mitad y a lo largo. Al confeccionar una almohada, haga una marca en el final de la aleta a 10 cm (4") del doblez o a 7.5 cm (3") si se trata de un almohadón decorativo. Señale también las dos terceras partes del largo de la almohada sobre la orilla opuesta del doblez. Trace una línea diagonal entre las marcas y corte por la línea marcada. Redondee las esquinas de la aletilla y las orillas inferiores de la vista de la almohada así como el forro con la aletilla.

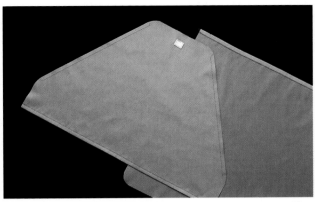

2) Planche 1.3 cm (1/2") hacia abajo dos veces en una orilla transversal del frente de la almohada y en la orilla transversal larga de la vista de la aletilla. Cosa los dobladillos con el doblez doble. Cosa en el forro de la aleta la parte de la cinta Velcr^{MR} que tiene lazadas, centrándola a 2.5 cm (1") en la orilla corta. Haga un pespunte en las orillas al bies de la aletilla y de la vista.

3) Ponga el lado del frente de la almohada sobre la parte de atrás con aletilla, derecho con derecho y haciendo coincidir las orillas cortadas. Acomode la vista de la aletilla sobre la porción del forro de la misma, derecho con derecho, haciendo coincidir las orillas cortadas. Prenda el frente de la aletilla y el forro juntos por el área de traslape. Cosa un rectángulo de 5 × 1.3 cm (2" × 1/2") en cada extremo del traslape.

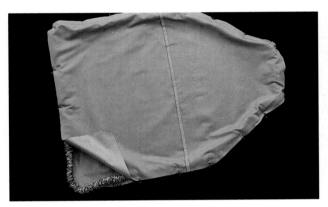

4) Haga el cordón gigante y cósalo por el derecho de la parte trasera con la aletilla. Siga los pasos del 1 al 7 en las páginas 66 y 67 para el acordonado con pliegues, o los pasos del 1 al 5 en la página 65 para el acordonado sencillo. Ponga el frente de la vista de la aletilla sobre la parte de atrás de la misma, juntando el derecho de ambas y prenda.

5) Cosa todas las capas de tela de la funda, guiándose con un prensatelas para cierres. Haga las puntadas por dentro de la línea anterior de costura. Si tiene máquina de overlock, acabe las costuras con ella y si no, utilice su máquina convencional para acabarlas con zigzag.

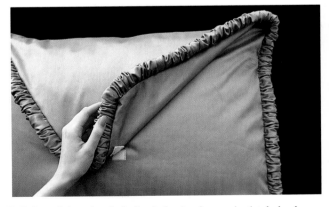

6) Voltee el derecho de la funda hacia afuera e insértele la almohada. Prenda el otro pedazo de la cinta Velcro^{MR} en el lugar que le corresponda bajo el frente de la aletilla. Saque la almohada y cósalo en su lugar.

Fundas para edredón

Las fundas para edredón lo protegen si es nuevo, o cambian el aspecto de uno que ya se tenga. Por su volumen, se manejan con más facilidad que un sobrecama de tamaño completo y esto las hace tan fáciles de confeccionar como una funda para almohada. Si desea el juego completo para su recámara, coordine el rodapié, fundas para las almohadas y la funda del edredón.

La caída de la funda del edredón debe ser lo suficientemente larga para extenderse más abajo de la orilla superior del rodapié, cubriendo los cobertores. Por lo general mide 7.5 cm (3") más de largo, que el grueso del colchón. Las colchonetas de fábrica tienen caídas que van de 23 a 35.5 cm (9" a 14"). Si la caída es demasiado corta, agréguele un holán o cosa acordonado gigante a la orilla de la funda del edredón.

Para determinar los anchos de tela que necesita, divida el ancho total de la funda entre el ancho de la tela, aproximando al siguiente número entero mayor. La mayoría de fundas para edredón requieren dos anchos de tela. Multiplique el número de anchos por el largo de la funda y así sabrá la cantidad de tela que necesita. Divida entre 100 cm (36") para determinar el número de metros (yardas) requeridos.

✄ Instrucciones de corte

Determine el largo de corte de la funda para edredón o colchoneta, después de tomar las medidas. El tamaño de la funda ya terminada puede ser igual al del edredón o col-

choneta y, si se trata de un edredón de plumas que desee compactar un poco, puede medir hasta 5 cm (2") menos de largo y de ancho que el edredón mismo.

El tamaño de corte del frente de la colchoneta mide 2.5 cm (1") más de ancho y de largo, que cuando ya está terminado. Si requiere más de un ancho de tela, corte un ancho completo para la parte central de la funda del edredón y dos lienzos iguales con el ancho parcial para cada lado. Aumente 1.3 cm (½") para pestaña de costura a cada lienzo lateral para unirlos a la pieza central. Corte el reverso del edredón del mismo ancho que el frente, con 3.8 cm (1 ½") menos que el frente. Corte una tira para el cierre de 9 cm (3 ½") de ancho y del mismo largo que el ancho de corte del reverso del edredón.

Corte tiras de tela para el forro del cordón gigante (página 64), para el cordón con forro plegado (página 66) o para el holán (página 76).

MATERIALES NECESARIOS

Tela para decoración.

Dos cierres, cada uno de 56 cm (22") de largo.

Acordonado u holán, opcional.

Cómo confeccionar una funda para edredón

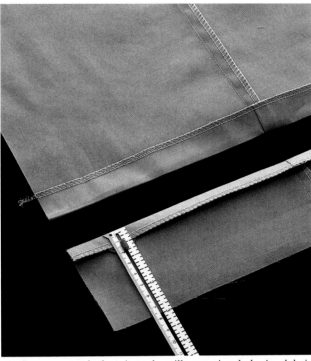

1) **Cosa** con overlock o zigzag la orilla superior de la tira del cierre y la orilla inferior de la parte de atrás de la funda para edredón. Planche la orilla terminada de la tira del cierre doblando hacia abajo 1.3 cm (¹/₂") y también doble 2.5 cm (1") hacia abajo la orilla terminada de la parte de atrás.

2) **Acomode** los cierres con el derecho hacia abajo sobre la pestaña de costura de la parte de atrás del forro, haciendo que los extremos del cierre se encuentren en el centro y las orillas del cierre queden acomodadas sobre el doblez. Utilice un prensatelas para cierres y cosa un lado de los cierres a la tela.

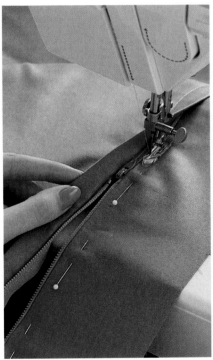

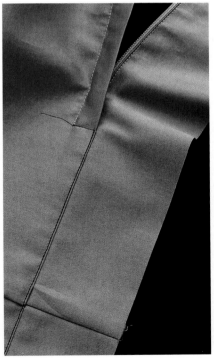

3) **Ponga** el derecho hacia arriba y prenda la orilla de la cinta del cierre a un lado de los dientes. Cosa muy cerca de la orilla planchada, rematando en los extremos de los cierres.

4) **Cosa** a través del extremo de un cierre y haga después un sobrepespunte para fijar todas las capas de tela del cierre a los lados de la funda. Repita en el otro extremo del cierre. Abra los cierres. (Se utilizó hilo contrastante para mostrar el detalle.)

5) **Si lo desea**, aplique el acordonado y una el frente del forro del edredón a la parte trasera del mismo, igual que lo hizo con los almohadones (página 65). Voltee al derecho la funda e inserte el edredón.

Sugerencias para fundas de edredón

Confeccione una funda para edredón que combine con las fundas para las almohadas y otros accesorios de la habitación. Puesto que la confección de fundas para edredón no es diferente de la de fundas para almohadones, la mayoría de modelos para éstos se pueden adaptar para coordinarlas con las fundas de los edredones.

Cordón en espiral, coordinado con un holán de la misma tela, fueron el adorno de esta funda para edredón. Para confeccionarla se emplearon las mismas técnicas que para el almohadón semicircular (página 76). El holán y el cordón en espiral se aplicaron a los costados y orilla inferior de la funda después de insertar el cierre. No se puso holán en la parte superior.

92

Moños y rosetones se pueden coser en la esquina de una funda para edredón, agregando así un detalle que coordine con los colgadores para cuadros (página 102) o los almohadones con banda diagonal (página 80).

El acordonado gigante se utilizó para esta funda de edredón a fin de coordinarla con los almohadones con nudos en las esquinas (página 72). El acordonado gigante se inserta en jaretas de tela por tres lados de la funda, pero no se pone en la orilla superior.

Holán circular para rodapié

El holán circular del rodapié tiene una caída suave. Su estilo sencillo complementa una decoración muy sobria, aunque también lucirá en una habitación con decoración esmerada, sin alterar el aspecto general.

El holán circular para rodapié se confecciona con facilidad y puesto que no lleva ni pliegues ni tablones, en menos tiempo que la mayor parte del rodapié. Para evitar que el rodapié se resbale fuera de su lugar, la orilla superior se fija a una sábana de cajón. Si la cama no tiene piecera, se cose como una tira continua; cuando la cama sí la tenga, las esquinas se dejan abiertas y el rodapié se cose a la sábana en tres secciones.

✂ Instrucciones de corte

Determine el número de piezas circulares que necesita, según se indica en la tabla de la página opuesta. Para que se le facilite cortar los círculos, los cuadrados de tela deben

tener el tamaño del diámetro del círculo, para después cortar las piezas circulares como se indica en la página opuesta.

Los cálculos que se proporcionan en la tabla se basan en un largo de corte de 39.3 cm (15 ¹/₂"). Esto le proporciona una cantidad suficiente de holán para cualquier largo de corte de hasta por lo menos 39.3 cm (15 ¹/₂"). Tal vez tenga vuelo de sobra, que se reduce con facilidad durante la confección. El largo real del holán por círculo es igual a la circunferencia del círculo interior menos 2.5 cm (1") para costuras y dobladillos laterales.

MATERIALES NECESARIOS

Tela para decoración con el metraje indicado en la tabla de la página opuesta.

Sábana de cajón.

Cómo cortar los círculos

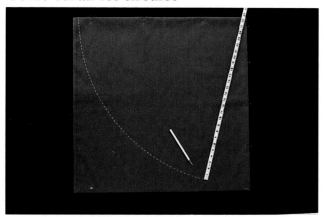

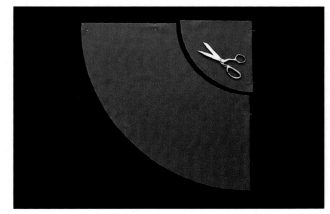

1) Doble el cuadrado de tela por la mitad a lo largo, derecho con derecho y luego dóblelo a lo ancho. Utilice una regla y lápiz para marcar un arco en la tela, tomando como base un arco medido desde el centro doblado de la tela hasta una esquina de la misma, en una distancia igual al radio. Corte por la línea marcada a través de todas las capas de tela.

2) Aumente 2.5 cm (1") al largo de la caída del rodapié; mida y marque esta distancia del arco hacia el centro. Trace un segundo arco a esta distancia. Corte por la línea marcada a través de todas las capas. La circunferencia del círculo interior menos 2.5 cm (1") determina el largo del holán para cada círculo.

Cómo cortar los semicírculos

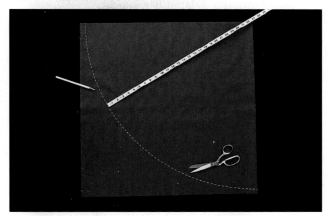

1) Corte un rectángulo a través del ancho de la tela; los lados cortos deben medir la mitad del ancho de la tela. Doble la tela a la mitad, haciendo coincidir los lados cortos. Marque un arco en la tela con regla y lápiz, midiéndolo desde el centro hasta la esquina del doblez longitudinal, lo que equivale al radio y trácelo con esta base. Corte ambas capas de tela por la línea marcada.

2) Agregue 2.5 cm (1") a la caída del rodapié y mida y marque esta distancia desde el arco hacia el centro. Trace un segundo arco a esta distancia y corte ambas capas de tela por la línea marcada.

Cómo determinar las piezas circulares que necesita

Diámetro de los círculos	Largo del holán por círculo	Individual		Matrimonial		Queen		King	
		Círculos necesarios	Medidas requeridas	Círculos necesarios	Medidas requeridas	Círculos necesarios	Medidas necesarias	Círculos necesarios	Medidas requeridas
115 cm (45")	120 cm (47")	4	4.6 m (5 yd.)	$4^1/_2$	5.15 m ($5^5/_8$ yd.)	5	5.75 m ($6^1/_4$ yd.)	$5^1/_2$	6.3 m ($6^7/_8$ yd.)
122 cm (48")	147 cm (58")	$3^1/_2$	4.33 m ($4^2/_3$ yd.)	$3^1/_2$	4.33 m ($4^2/_3$ yd.)	4	4.92 m ($5^1/_3$ yd.)	$4^1/_2$	5.5 m (6 yd.)
137 cm (54")	193 cm (76")	$2^1/_2$	3.45 m ($3^3/_4$ yd.)	3	4.15 m ($4^1/_2$ yd.)	3	4.15 m ($4^1/_2$ yd.)	$3^1/_2$	4.8 m ($5^1/_4$ yd.)
153 cm (60")	242 cm (95")	2	3.07 m ($3^1/_3$ yd.)	$2^1/_2$	3.9 m ($4^1/_4$ yd.)	$2^1/_2$	3.9 m ($4^1/_4$ yd.)	3	4.6 m (5 yd.)

Cómo confeccionar un holán circular para rodapié

1) Corte los círculos para confeccionar el rodapié (páginas 94 y 95). Corte cada pieza del exterior hacia el interior del círculo por el hilo transversal de la tela. Cosa un pespunte a 1.3 cm ($^{1}/_{2}$") de la orilla interior.

2) Una los círculos en una tira larga, derecho con derecho de la tela. Cosa el acabado deseado en la unión de las piezas. Haga cortes cada 5 cm (2") en la orilla interior, sin cortar las puntadas, para que el rodapié tenga caída uniforme.

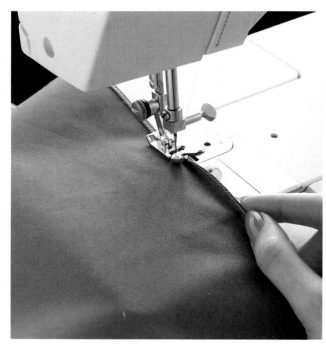

3) Haga un pespunte a 6 mm ($^{1}/_{2}$") de la orilla del dobladillo. Voltee la orilla al revés por la línea de costura y planche el doblez. Cosa cerca de éste. Recorte la tela sobrante cerca de las puntadas. Voltee la orilla del dobladillo hacia el revés, apenas 6 mm ($^{1}/_{4}$"), cubriendo la orilla cortada. Cosa la orilla.

4) Acomode una sábana de cajón sobre la base del colchón y señale la orilla superior con greda o pluma de tinta soluble.

5) Acomode el holán circular sobre la base del colchón, prendiéndolo a la sábana, derecho con derecho y haciendo coincidir el pespunte de la orilla superior con la línea marcada. El holán, si lo desea, da vuelta en la cabecera alrededor de las esquinas. La orilla cortada debe quedar a 1.3 cm ($^1/_2$") de distancia del punto en que termina, a fin de dejar espacio para el dobladillo lateral.

6) Señale los dobladillos laterales en la cabecera a modo que queden perpendiculares al piso, dejando 1.3 cm ($^1/_2$") para que el dobladillo quede de 6 mm ($^1/_4$").

7) Quite de la cama la sábana de cajón con el holán prendido y corte los sobrantes a los lados. Haga las costuras laterales. Una el holán a la sábana, cosiendo justo al lado de la costura de sujeción.

Esquinas abiertas. Siga los pasos del 1 al 4. Corte el holán en tres secciones, cada una con suficiente largo para acomodarse a un lado de la cama, calculando 2.5 cm (1") para los dobladillos laterales. Acomode la parte para el pie de la cama encima del tambor y prenda a la sábana, derecho con derecho, haciendo coincidir el pespunte de sujeción con la línea marcada. Haga marcas para los dobladillos laterales en la esquina, como lo hizo en el paso 6. Prenda las secciones laterales a la sábana, traslapando las marcas para los dobladillos en las esquinas. Termine el rodapié como se indica en los pasos 6 y 7.

Rodapié con festones

El rodapié con festones tiene ondas suaves que caen sobre los pliegues de la capa inferior de tela. Este adorno complementa la decoración de las ventanas con festones y es recomendable especialmente en las recámaras de estilo femenino y romántico. Para que el rodapié luzca más, seleccione un edredón forrado cuya caída llegue sólo 2.5 a 5 cm (1" a 2") abajo del colchón.

Para formar los festones con más facilidad, utilice cinta para plegar de dos cordones. Si desea un aspecto con mejor acabado, ponga también tiras de la misma tela o contrastantes para cubrir las costuras de los pliegues. Todo el rodapié se fija a una sábana de cajón, lo que impide que se desacomode.

Si la cama tiene piecera, el rodapié lleva abiertas las esquinas y las tres secciones se cosen a la sábana de cajón. Para este estilo, las tres secciones se dobladillan en ambos costados y se enciman en la esquina. Si la cama no tiene piecera, la capa inferior de tela se cose en una tira continua.

✂ Instrucciones de corte

Determine el número de festones que necesita para la cama guiándose por la tabla en la página opuesta. El tamaño de los festones varía, dependiendo del tamaño de la cama. Los festones también tendrán un tamaño ligeramente diferente al pie de la cama que en los costados, pero esto pasa desapercibido.

Corte un rectángulo de tela para cada festón, con la tela a lo ancho para evitar las costuras. Puede colocar la tela a lo ancho para no coser o hacerlos de uno en uno, conforme lo necesite. Corte los rectángulos de 68.5 cm (27") de largo y con 12.5 cm (5") más de ancho que la distancia entre las marcas del paso 1 en la página 100. Si utiliza una tela estampada con motivos grandes, tal vez desee centrar un motivo en cada rectángulo.

Corte cintas de 7.5 × 28 cm (3" × 11") de la misma tela o de una contrastante. Necesita una tira para cada festón y una tira extra.

Si la cama no tiene piecera, el ancho de corte del rodapié plegado equivale a de una y media a tres veces la distancia alrededor de los costados y pie de la cama. Puede
poner la tela a lo ancho, o unir los lienzos como los necesite. El largo de corte del rodapié es igual a la distancia
desde la parte superior del tambor hasta el piso, más 5 cm
(2.5") para dobladillo y pestañas de costura, dejando 1.3
cm ($^1/_2$") libre para que no se arrastre.

Si la cama tiene piecera, las esquinas de la capa interior
de tela van abiertas. El ancho de corte de cada una de las
secciones de los lados es de una y media a tres veces el
ancho de la cama. El largo de corte de las mismas es igual
a la distancia desde la parte superior del tambor hasta el
piso más 5 cm (2").

MATERIALES NECESARIOS

Tela para decoración.

Sábana de cajón.

Cinta para plegar para dos cordones, 59.8 cm (23 $^1/_2$")
para cada festón, más 59.8 cm (23 $^1/_2$") adicionales.

Cómo determinar el número de festones requeridos

Número de festones	Individual	Matrimonial	Queen	King
A los pies	1	2	2	3
Cada lado	2	3	3	3
Total de festones	5	8	8	9

Confección de un rodapié con festón

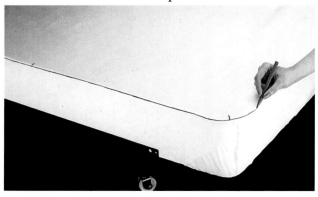

1) Acomode la sábana de cajón sobre la base del colchón y marque la sábana por la orilla superior con greda o pluma de tinta soluble. Trace una pequeña línea en el centro de la curva que señale las esquinas de la orilla superior de la base del colchón. Divida cada lado de la cama en partes iguales, según el número de festones y márquelos en la sábana.

2) Doble cada rectángulo por la mitad a lo ancho y mida y marque 5 cm (2") hacia arriba en una esquina de la orilla superior. Trace una línea diagonalmente hasta la esquina opuesta. Corte por la línea marcada a través de ambas capas.

3) Planche y cosa en la orilla de cada pieza del festón un dobladillo que mida, ya terminado, 2.5 cm (1"). Una las piezas del festón y planche las costuras abiertas. Por los lados, doble hacia el revés 1.3 cm (¹/₂").

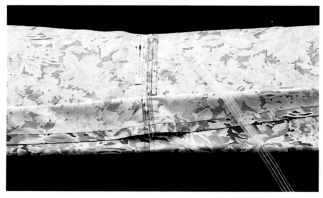

4) Doble hacia el revés 1.3 cm (¹/₂") en ambos extremos de la cinta para plegar. Centre la cinta sobre una costura por el revés, empezando encima del dobladillo y prenda en su lugar. Haga tres hileras de costura: primero una en el centro y las otras dos en las orillas exteriores de la cinta. Repita para las costuras restantes y en los costados.

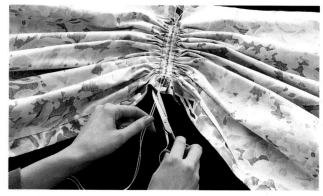

5) Anude los cordones en el extremo superior de la cinta. Jale los cordones desde la orilla inferior, plegando la tela lo más posible. Anude los extremos firmemente y recorte los sobrantes.

6) Doble los pedazos para las tiras por mitad a lo largo, derecho con derecho y haga una costura de 6 mm (¹/₄"). Voltee las tiras con el derecho hacia afuera y planche. Prenda las tiras a la sábana de cajón centrándolas sobre las marcas en la sábana. Como se ilustra, se deja un sobrante de 1.3 cm (¹/₂") más allá de la línea marcada en el extremo de cada tira.

7) Acomode los festones sobre la base del colchón y prenda la orilla superior a la sábana, uniendo el derecho de ambos, extendiendo la pestaña 1.3 cm ($^1/_2$") más allá de la línea marcada. Envuelva las tiras alrededor de los festones y prenda en su lugar, haciendo coincidir los extremos. Si desea, quite la sábana de la cama e hilvane a máquina la orilla superior de los festones en el sitio que corresponda, cosiendo a 1.3 cm ($^1/_2$") de la orilla cortada.

8) Una con una costura los lienzos del rodapié. Si la cama no tiene piecera, haga una tira continua y si la tiene, divídalos en tres secciones. Acabe las pestañas de costura. Planche y cosa un dobladillo doble en la orilla inferior del rodapié que mida 2.5 cm (1"). Los extremos laterales llevan dobladillo acabado de 1.3 cm ($^1/_2$").

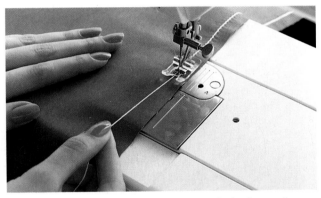

9) La orilla superior del rodapié lleva puntada de zigzag sobre un cordón, justamente a un lado del pespunte. Cosa otro cordón en la misma forma a 6 mm ($^1/_4$") del primero, para ajustar mejor los pliegues.

10) Divida en cuatro u ocho partes la línea marcada sobre la sábana de cajón y la orilla superior del rodapié. Acomode el rodapié con el derecho hacia abajo, sobre los festones. Hágalos coincidir y préndalos por las marcas. Jale los cordones para plegar y distribuya bien el pliegue para que quede a la medida.

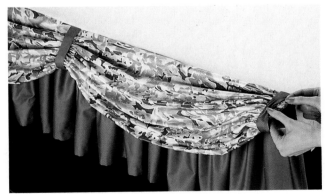

11) Quite el rodapié y la sábana de la cama. Cosa a 1.3 cm ($^1/_2$") de la orilla cortada para unir el rodapié a la cama.

12) Acomode el rodapié sobre la base del colchón. Cosa a mano las tiras a los festones en la cabecera de la cama y acomode los pliegues en los festones.

Colgadores
con moño

Estos atractivos moños se utilizan para dar realce a un cuadro o retrato. Le dan un toque atractivo especial a la pared con mucha más fuerza que cualquiera de los muebles de la habitación y atraen la vista hacia arriba, lo cual le da altura a la habitación Originalmente se utilizaban para sostener el peso de los cuadros, aunque en la actualidad se emplean como un accesorio decorativo, no funcional.

Los colgadores con moño resultan excelentes para los cortes de tela largos y angostos que frecuentemente sobran al confeccionar otras labores. Para mejores resultados, utilice una tela de cierta rigidez para que el moño mantenga su forma. El calicó lustroso y el muaré se utilizan frecuentemente para moños esponjados.

Los colgadores con moño se confeccionan en cualquier tamaño. Las instrucciones que siguen son para un colgador que mida alrededor de 127 cm (50") de largo.

✂ Instrucciones de corte

Corte un lienzo de tela de decoración para el moño de 28 × 86.5 cm (11" × 34"); dos tiras de 18 × 137 (7" × 54") y dos de 7.5 × 12.5 cm (3" × 5") para atar. Estas medidas incluyen pestañas para costura de 1.3 cm ($^{1}/_{2}$").

MATERIALES NECESARIOS

Tela para decoración.
Pequeño anillo de plástico para cortina.

Cómo confeccionar colgadores con moño

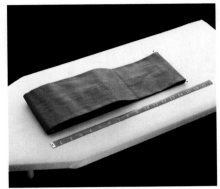

1) Doble por la mitad a lo largo la pieza para el moño, derecho con derecho. Cosa por las orillas largas y planche la costura abierta. Voltee al derecho. Planche, centrando la costura en el revés del moño.

2) Cosa los extremos cortos, derecho con derecho. Voltee el derecho hacia afuera y doble por mitad, con la costura en un extremo. Marque el doblez con alfileres. Cosa por el ancho del moño, todas las capas, a 25.5 cm (10") de la costura.

3) Aplane el moño cuidando que las líneas de costura y dobleces marcados queden en el centro. Cosa por el centro todas las capas.

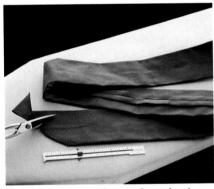

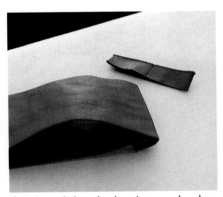

4) Cosa las orillas largas de cada cinta, derecho con derecho y planche la costura abierta. Centre la costura en la parte de atrás y señale las puntas a 5 cm (2") de la orilla cortada por los lados de la cinta. Trace líneas de las marcas a 1.3 cm (¹/₂") del centro de la orilla inferior. Cosa por las líneas marcadas y corte el sobrante de tela.

5) Voltee al derecho las cintas y planche, centrando las costuras por la parte de atrás. Planche la tela 2 cm (³/₄") hacia abajo en la orilla superior de una cinta. Recorte 2 cm (³/₄") de la cinta restante. Con el derecho hacia arriba, acomode las tiras juntas como se muestra.

6) Doble ambas cintas 10 cm (4") desde el doblez en la orilla superior. Cosa todas las capas de tela a 6 mm (¹/₄") del primer doblez.

7) Doble hacia adentro las orillas cortadas de las piezas del moño para hacer las cintas de 3.2 × 12.5 cm (1 ¹/₄" × 5") y plánchelas. Forme el moño en el centro y cosa a mano una cinta sobre el centro del moño volteando la orilla cortada hacia adentro.

8) Pase el resto del moño sobre la cinta anterior. Prenda las tiras a 10 cm (4") de la orilla superior. Cosa a mano la cinta alrededor de las tiras, volteando hacia adentro la orilla cortada.

9) Cosa un anillo de plástico para cortina en la parte de atrás del moño para poder colgarlo en la pared.

Fundas para muebles

Fundas para muebles

Las fundas para muebles son cubiertas removibles que se colocan sobre el tapiz ya existente del mueble. Prolongan la duración de una pieza de mobiliario o la modernizan. Incluso, es posible modificar el aspecto de una habitación de una estación a otra con sólo cambiar las fundas de los muebles. Puesto que el patrón se hace al confeccionar la primer funda para un mueble en particular, la segunda funda se hará en menos tiempo.

Lo más importante que hay que considerar en una funda, es si permanecerá en su lugar. Para ayudar a fijarla hay que poner una tira adicional de tela, oculta bajo el faldón, la que se prende a la tela del forro. También se meten trozos de espuma de poliuretano a los lados del asiento para que ajuste bien.

Para no tener que retapizar un mueble, simplemente puede optarse por confeccionarle fundas nuevas. Sin embargo, se tendrán que tapizar de nuevo cuando haya que reparar la estructura del mueble, como enresortarlo. Es más fácil confeccionar fundas para muebles relativamente cuadrados con líneas rectas, que hacerlo para muebles con más detalles. Por lo general hay que retapizar los muebles que tienen madera a la vista, pero a los que tienen tiras de madera en los brazos se les pueden confeccionar fundas si éstos se envuelven con guata para tapicería. Los sillones reclinables se deben tapizar por las partes que tienen movibles.

Es difícil hacer fundas para muebles con diseño cóncavo en el respaldo, acanalados o redondeados, ya que no ajustarán bien. Para obtener mejores resultados, cubra el respaldo con una capa gruesa de guata antes de hacer la funda. A los muebles que tienen acolchado en el respaldo o botones, se les puede confeccionar una funda siempre que se eliminen acolchonados y botones. El respaldo se envuelve en guata de tapicería para que le quede una superficie adecuada para que la funda ajuste bien.

Selección de la tela para la funda

Las telas para decoración son las más adecuadas para la confección de fundas, pero hay que evitar las muy gruesas porque es difícil coserlas en la mayoría de las máquinas de coser que se usan en casa y las curvas no se pueden definir con precisión. Independientemente de la selección de la tela, se recomienda lavar en seco y no en casa para que la tela se mantenga con el mejor aspecto posible.

Si la tela de tapicería del mueble tiene una textura muy gruesa y la tela de la funda es lisa, tal vez sea necesario forrar la funda y también habrá que hacerlo si la tela de tapicería es oscura y la tela de la funda es clara.

Para coser con más facilidad, escoja una tela que no requiera casar los dibujos, como las telas de colores lisos o algunos estampados. Las telas listadas deben coincidir en una dirección y los tartanes deben coincidir en ambas direcciones. Muchas telas tienen repetición de motivos cada 68.5 cm (27"), lo que se adapta perfectamente a la mayor parte de cojines.

La cantidad de tela que se requiera dependerá del tamaño del mueble, las piezas del patrón o ancho de la tela, así como la repetición del motivo. Puede haber muchos recortes, dependiendo de lo cerca que se puedan cortar las piezas unas de otras. Con frecuencia estos recortes se utilizan para la confección de accesorios para la misma habitación, como almohadones y colgadores para cuadros.

Como regla general, una silla requiere entre 6.4 y 7.35 m (7 a 8 yd.). Un sofá de dos plazas, entre 9.15 y 11 m (10 a 12 yd.) y un sofá, de 14.7 a 19.4 m (16 a 20 yd.). En estas cantidades se incluye la tela para el acordonado y faldones con tablones encontrados en las esquinas. Hay que considerar tela adicional para cojines y los faldones con tablas o plegados. Cada cojín lleva entre 0.95 y 1.4 m (1 a $1^1/_2$ yd.) de tela. Si desea un faldón plegado o con tablones, piense en 0.95 m (1 yd.) adicional para un sillón, 1.85 a 2.75 m (2 a 3 yd.) para un sillón de dos plazas y 3.7 m (4 yd.) para un sofá.

MATERIALES NECESARIOS

Manta para ajustar las piezas con alfileres.

Tela para decoración.

Cordón para el ribeteado. Escoja un cordón suave y flexible con centro de algodón.

Cierres, uno para los sillones y dos para sofás y sillones de dos plazas. El largo de cada cierre es entre 2.5 y 5 cm (1" a 2") más corto que el largo de la costura vertical en el lado exterior de la parte de atrás. Para los cojines harán falta más cierres (página 122).

Guata para tapicería, si es necesario, para acolchonar al mueble.

Espuma de poliuretano en tiras de 5 cm (2") para insertarlas en los lados y espalda del asiento.

Alfileres en T, tachuelas o engrapadora para tapicería y grapas, para fijar la tira de sujeción al mueble.

Ajuste con alfileres

La manera más fácil de hacer el patrón de una funda para muebles es ajustando la manta sobre el sillón o sofá. Antes de empezar, observe cuidadosamente el mueble. Por lo general las costuras de la funda quedan en los mismos lugares que las costuras de la tapicería, aunque puede aumentar o eliminar algunos detalles, siempre que no afecten el ajuste de la funda. Por ejemplo, si los cojines que ahora tiene son envolventes, tal vez desee forrarlos como almohadones tipo cajón con acordonado. Es posible que un sillón con pliegues en los brazos se pueda forrar con una pieza separada para cubrirlo.

El estilo del faldón también se puede modificar. Probablemente quiera coser un faldón alrededor del mueble, con doble pliegue, o hacer sólo pliegues en las esquinas del sillón, o en las esquinas y parte central del frente de un sofá. Si desea un aspecto más delicado, hay que hacer tablones en lugar de pliegues.

En las instrucciones que se presentan a continuación, se utilizó un sillón con brazos redondeados y cojines separados en el respaldo y asiento. El ejemplo incluye los detalles comunes a la mayor parte de muebles. Aunque el estilo de muebles que usted tenga sea algo diferente, guíese por estos pasos básicos.

Cómo ajustar con alfileres el patrón del respaldo y de la parte de atrás

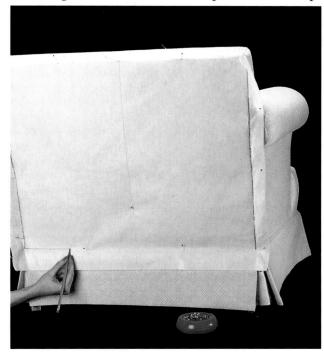

1) Quite los cojines. Mida la parte trasera exterior del sillón o sofá entre las líneas de costura; corte la manta entre 7.5 y 10 cm (3" a 4") más grande que las medidas. Marque la línea del centro en la pieza trasera exterior, siguiendo el hilo longitudinal de la tela. Prenda el patrón a la silla, alise la tela y marque las líneas de costura.

2) Mida la parte interior del respaldo entre las líneas de costura: corte la manta con 38 cm (15") más de ancho y 25.5 cm inferior para meterla a los lados del asiento y sostener la funda en su lugar. Marque la línea central en la pieza del respaldo siguiendo el hilo longitudinal de la tela.

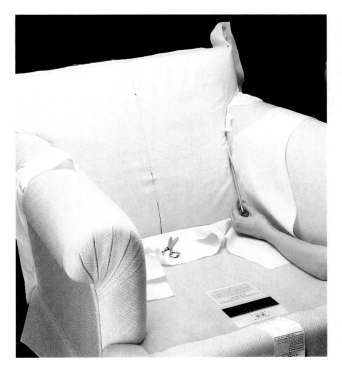

3) Prenda la pieza de atrás y la del respaldo por encima del sillón o sofá, haciendo coincidir las líneas centrales. Doble por la esquina superior y hacia afuera la tela que sobra de la pieza del respaldo interior y forme una pinza. Prenda la manta muy justa, pero sin estirar la tela.

4) Recorte la tela sobrante en los costados del respaldo interior, a dejar sólo 5 cm (2"); recorte alrededor de los brazos conforme sea necesario para formar una curva lisa. Meta aproximadamente 1.3 cm ($^1/_2$") de tela en las ranuras de los lados y orilla inferior del respaldo; marque las costuras metiendo un lápiz en las ranuras.

Cómo ajustar con alfileres el patrón cuando el brazo lleva pliegues

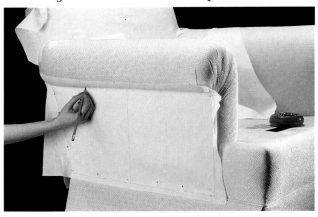

1) Mida la parte exterior del brazo entre las costuras; corte la manta 7.5 cm (3") más grande que las medidas. Marque en la manta el hilo longitudinal de la misma. Prenda la parte exterior del brazo en su lugar, con el hilo de la tela perpendicular al piso y la orilla inferior extendiéndose 1.3 cm ($^1/_2$") más allá de la costura en la orilla superior del faldón. Alise la tela hacia arriba y prenda. Prenda el exterior del brazo a la parte trasera de la funda. Señale las líneas de costura.

2) Mida el brazo interior desde el asiento hasta la línea de costura en la orilla superior de la parte exterior del brazo y desde el interior del respaldo hasta el frente del brazo; corte la manta aproximadamente 23 cm (9") más grande que las medidas. Marque en la manta el hilo longitudinal de la misma. Prenda la pieza interior del brazo en su lugar con un sobrante de 18 cm (7") que se extienda por la parte interior del respaldo; conserve derecho el hilo de la tela a través del brazo alisando la manta sobre el brazo y alrededor de éste.

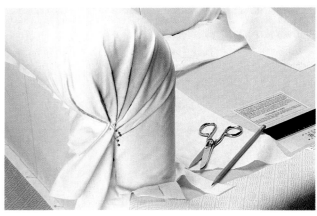

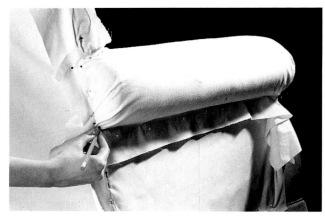

3) Prenda por el frente la parte interior del brazo con la exterior. Prenda y recorte la tela en la orilla inferior del frente conforme sea necesario para que ajuste bien. Para los brazos redondeados hay que formar pinzas en la manta que imiten los pliegues de la tela del mueble. Señale las líneas radiales de doblez en la manta.

4) Doble la tela del interior del brazo en la parte trasera del mueble para quitar el sobrante y recórtelo por el interior del brazo lo necesario para que ajuste bien. Marque la línea de costura al principio y final de los pliegues en el interior del brazo y por la parte de afuera del mismo.

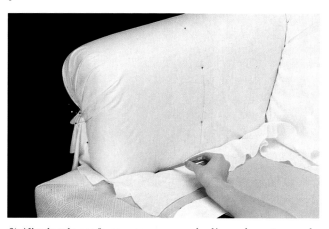

5) Señale la parte interior del brazo y la interior del respaldo con puntos grandes, hasta la mitad del brazo. Meta alrededor de 1.3 cm ($^1/_2$") de la tela interior del brazo en las ranuras, tanto del asiento como del respaldo.

6) Alise la tela conforme vaya a marcar las líneas de costura en la tela.

Cómo ajustar con alfileres el patrón para un brazo con sección frontal

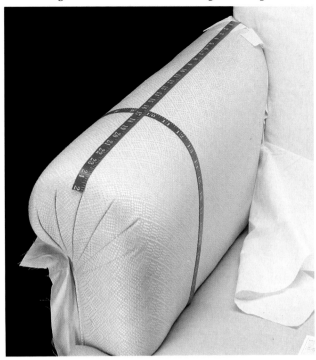

1) Repita el paso 1 de la página opuesta para el exterior del brazo. Mida la parte interior desde el asiento en la orilla superior del brazo exterior y desde el interior de la parte de atrás a la orilla del frente del brazo; corte la manta alrededor de 23 cm (9") más grande que estas medidas. Marque en la manta el hilo longitudinal de la misma.

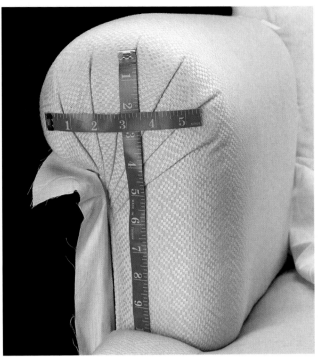

2) Mida el frente del brazo; corte la manta de 5 a 7.5 cm (2" a 3") más grande que las medidas. Marque en la manta el hilo longitudinal de la misma.

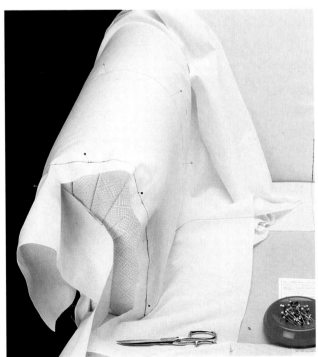

3) Prenda en su lugar la pieza interior del brazo, dejando 18 cm (7") sobrantes en el interior del respaldo y cuidando que el hilo de la tela quede recto a lo ancho del brazo. Marque la línea de costura por la orilla delantera del brazo y recorte la tela sobrante que no sea necesaria para pestañas de costura.

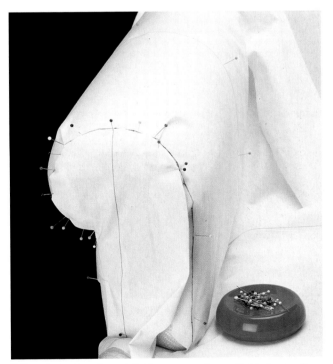

4) Prenda la pieza frontal del brazo en su lugar. Doble hacia afuera la tela sobrante en el interior del brazo conforme lo necesite para ajustar la pieza del frente del brazo y haga dos pliegues. Señale la línea de costura para la curva del brazo y siga para ello la costura existente en el sillón. Termine el patrón como en los pasos 4, 5 y 6 de la página opuesta.

Cómo ajustar con alfileres el patrón para el asiento

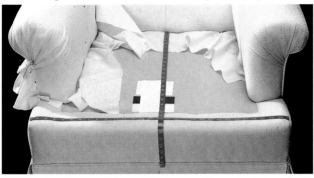

1) Mida el ancho por el frente del asiento y el largo desde la parte de atrás, bajando por el frente de la silla hasta la costura del faldón. Corte la manta con 38 cm (15") más de ancho y 23 cm (9") más de largo que lo que mida. Señale la línea del centro en la manta, al hilo de la tela. Marque la línea de costura en la orilla del frente, procurando que el hilo quede derecho, a 1.3 cm (¹/₂") de la orilla cortada.

2) Prenda la línea marcada al acordonado de la costura del faldón, centrándola con el centro del faldón, lo que acomoda la manta al hilo de la tela. Alise la manta sobre la orilla frontal y el asiento, haciendo coincidir la línea central de este último con la del respaldo.

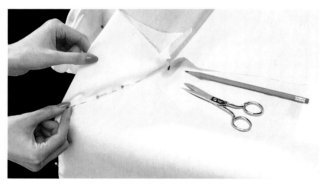

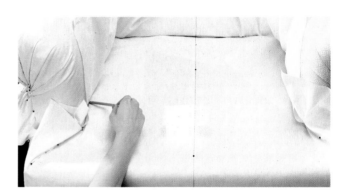

3) Marque con puntos grandes el asiento y las piezas interiores de los brazos en el lugar en que el asiento se encuentra con el interior del brazo. Para los muebles con cojines en T, corte el sobrante de tela hasta ese punto. Doble por la esquina del frente y hacia afuera la tela sobrante del asiento, formando una pinza. Prenda y márquela.

4) Prenda el asiento a la pieza exterior del brazo por un costado del mueble. Marque la línea de costura. No ajuste el asiento a que quede apretado. Meta la tela en las ranuras alrededor de 1.3 cm (¹/₂") tanto en los costados como en la parte de atrás del asiento y marque la línea de costura introduciendo un lápiz en las ranuras.

Cómo ajustar con alfileres el faldón

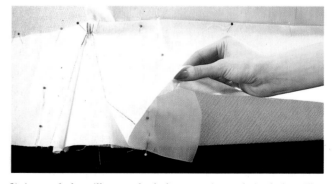

1) Mida el faldón alrededor de los lados, frente y parte de atrás para determinar el ancho de corte del faldón y deje suficiente holgura para pliegues o tablones. Piense en la colocación de las costuras con base en el ancho de la tela y tamaño del mueble, a fin de que las costuras queden ocultas en los pliegues o tablas siempre que sea posible. Una costura puede quedar en una esquina de atrás, donde se inserta el cierre. Corte los anchos de tela que necesite. Las piezas de manta deben quedar 2.5 cm (1") más largas que el faldón.

2) Acomode la orilla cortada de la manta justo abajo de la orilla inferior del faldón; prenda por la orilla superior del faldón, cuidando que la manta quede recta y pareja. Prenda las costuras conforme llega a ellas y prenda también el sobrante para pliegues o tablones. En el faldón se pueden hacer alforzas verticales prendiendo 3 mm (¹/₈") cerca de la esquina de atrás de cada costado del mueble y 6 mm (¹/₄") cerca de cada esquina por la parte de atrás del sillón. Las alforzas se sueltan en el paso 3 de la página opuesta, lo que le da más holgura al faldón. Marque las costuras y colocación de pliegues y tablones.

Cómo preparar el patrón para el corte

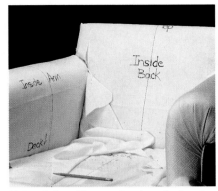

1) Señale la orilla superior de todas las piezas del patrón de manta etiquetándolas. Cerciórese de que todas las líneas de costura, pinzas, frunces y tablones están bien marcados. Señale con puntos las costuras que se cruzan y etiquételas.

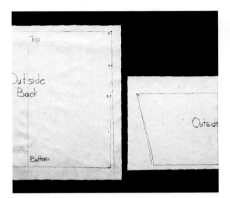

2) Quite la manta. Aumente 6 mm ($^1/_4$") de holgura por la orilla inferior trasera del brazo. Aumente 1.3 cm ($^1/_2$") de holgura por los costados de la parte exterior trasera y por las esquinas inferiores. Desvanezca hasta las líneas de costura que marcó en las esquinas superiores.

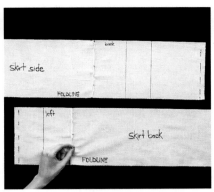

3) Quite los alfileres de las pinzas que marcó en las esquinas de atrás de las piezas del faldón. Si lo va a forrar de la misma tela, marque la "línea del doblez" por la orilla inferior del patrón de manta.

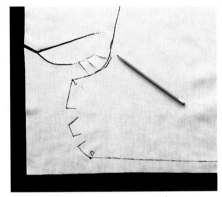

4) Rectifique las líneas rectas de costura con una regla y las curvas procurando que éstas sean uniformes. No marque líneas de costura en las áreas con pliegues.

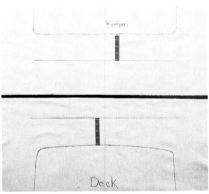

5) Aumente 10 cm (4") al patrón de manta para el asiento por la orilla inferior de la parte trasera interior así como por la orilla trasera del mismo.

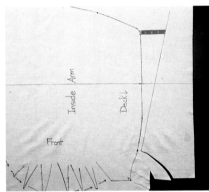

6) Marque la orilla inferior del interior del brazo desde un punto a 10 cm (4") de la línea de costura en la orilla trasera, a 1.3 cm ($^1/_2$") del punto grande en la orilla del frente y repita para los lados del asiento.

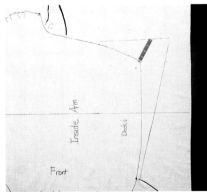

7) Marque la orilla de atrás del brazo interior, a 10 cm (4") de la línea de costura en la orilla inferior y a 1.3 cm ($^1/_2$") del punto grande; repita para los lados interiores de la parte de atrás.

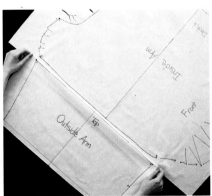

8) Rectifique el largo de las líneas de costura que se unen y ajuste lo necesario para cerciorarse de que son iguales.

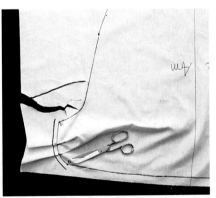

9) Haga los tablones por las líneas que marcó. Señale las líneas de costura del área con tablones, agregando pestañas para costura de 1.3 cm ($^1/_2$"). Corte el sobrante de todas las capas de tela. Aumente pestañas de costura de 1.3 cm ($^1/_2$") a todas las costuras restantes. Corte las piezas por las líneas marcadas.

Colocación y corte de la tela

Siempre que sea posible, acomode todas las piezas del patrón en la tela antes de empezar a cortar. Esto le permite reacomodarlas conforme sea necesario para aprovechar mejor la tela. Para cojines de cajón, siga las instrucciones de corte de las páginas 122 y 123.

Cuando se emplea una tela estampada para hacer las fundas, muy pocas veces se tienen que casar los dibujos. Si se utiliza una tela con estampado direccional, tenga cuidado de acomodar las piezas en la dirección adecuada. Si lo desea, las telas estampadas se hacen coincidir en la línea de costura, en la parte superior del faldón, siguiendo la técnica para los cojines de cajón (página 125).

Los motivos centrales grandes de un estampado se centran en la parte superior y en la inferior del cojín. Para obtener mejores resultados, acomode también el diseño para que continúe por la parte de atrás del mueble, en el cojín y el faldón.

Además de las piezas cortadas con el patrón de manta, necesitará una tira de 7.5 cm (3"), cortada al hilo, para sujetar. Esta tira se utiliza para fijar la funda al mueble, ya sea con alfileres en T, tachuelas o grapas. El largo de la tira debe ser igual a la distancia alrededor del mueble en la orilla superior del faldón.

Corte las tiras para el acordonado como en la página 64. Mida las líneas de costura que va a acordonar para conocer el largo total de tiras al bies que necesitará cortar.

Sugerencias para acomodar y cortar la tela de la funda

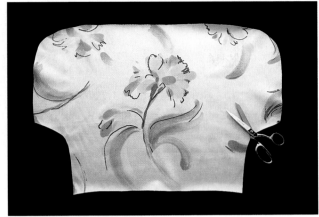

Centre en el respaldo, costados, brazos del mueble y parte superior de los brazos los motivos grandes, como los ramos de flores.

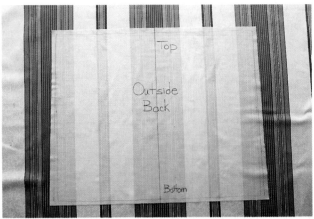

Centre la línea principal de una tela a rayas en la línea central del patrón, sobre las líneas centrales del patrón así como en las piezas del cojín. Decida en qué dirección van a quedar en los brazos ya que por lo general es preferible que vayan en la misma dirección que las tiras del faldón.

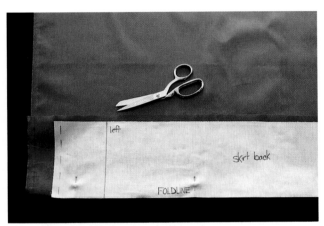

Corte las piezas de un faldón con forro de la misma tela con el doblez en la orilla inferior, doblando la tela a lo ancho. Los faldones forrados de la misma tela tienen mejor caída que los confeccionados de una sola capa de tela con dobladillo.

Corte las piezas de los brazos poniendo las telas derecho con derecho y utilice la primera pieza como patrón para cortar el segundo brazo.

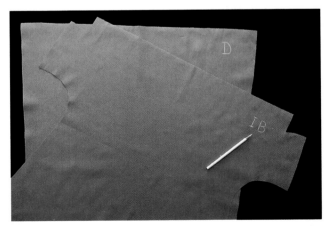

Anote con greda los nombres de las piezas por el revés de la tela. Puede utilizar abreviaturas como "A" para asiento, "R" para respaldo, "BE" para brazo exterior.

Pase todas las marcas en las piezas de manta a la tela de la funda, incluyendo muescas y puntos.

Cómo coser la funda del mueble

Aunque la funda para su mueble pueda ser algo diferente del estilo que se presenta, muchos de los pasos de confección son iguales. Será útil si acomoda las piezas y piensa en toda la secuencia de costura para la funda. Las muescas marcadas y etiquetadas en piezas adyacentes le ayudarán a ver la manera como va a unir dichas piezas. Para que el manejo de cantidades voluminosas de tela sea mínimo, cosa todos los pequeños detalles, como pinzas, desde antes de armar las piezas grandes.

Para obtener costuras duraderas, utilice un hilo resistente, tal como poliéster de fibra larga, con un largo medio de puntada de 10 puntadas por pulgada (cada 2.5 cm). Puesto que las fundas tienen varias capas de tela en las costuras que se intersecan con el acordonado, utilice aguja de calibre 90/14 ó 100/16.

Ponga acordonado en cualquier costura sujeta a estiramiento y desgaste, debido a que las costuras acordonadas son más resistentes que las sencillas. Como detalle decorativo, cosa acordonado también alrededor de costuras como las del contorno del respaldo y orilla superior del faldón. En los muebles con piezas al frente de los brazos también se utiliza el acordonado como detalle de diseño. Si va a impedir que las costuras acordonadas se frunzan, cuide de no estirar ni el acordonado ni la tela al hacer la costura. Cuando una costura con cordón cruce con otra, quite 1.3 cm ($^1/_2$") de cordón del extremo del acordonado para que no abulte en la costura.

Ponga un cierre en una de las costuras traseras de la funda en los sillones. Para un sofá, ponga uno en cada costura trasera.

Cómo coser una funda con pliegues en el frente del brazo

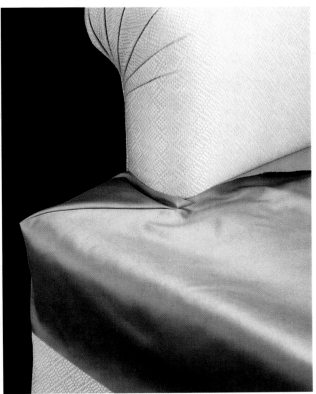

1) Haga las pinzas en las esquinas superiores de la parte interior del respaldo. Si va a acordonar, cosa el cordón a las orillas de arriba y del exterior del brazo, girando en la esquina.

2) Haga las pinzas en las esquinas exteriores del asiento, dejando de coser a 1.3 cm ($^1/_2$") de la orilla cortada en la esquina interior.

3) Una el asiento al frente y parte interior del brazo; lo puede hacer con dos costuras separadas.

4) Prenda los pliegues en su lugar por el frente y parte de atrás del brazo. Rectifique el ajuste sobre el brazo del mueble e hilvane en su lugar por la línea de costura.

(Continúa en la página siguiente)

Cómo coser una funda con pliegues en el frente del brazo (continuación)

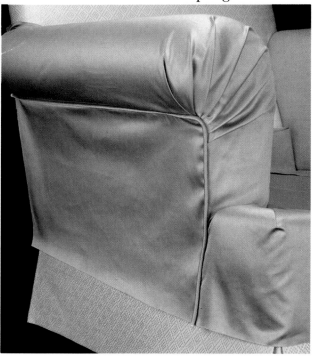

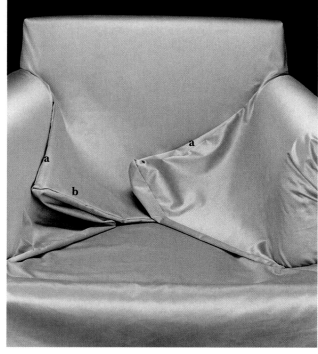

5) Haga las costuras horizontales y verticales uniendo la pieza de tela exterior para el brazo a la interior del mismo, girando en la esquina.

6) Prenda la parte interior de los brazos al interior del respaldo por ambos lados (**a**). Prenda la orilla inferior del interior del respaldo a la orilla trasera del asiento (**b**). Si es necesario, haga alforzas en las esquinas de las costuras para que las piezas embonen bien unas con otras. Haga las costuras.

7) Aplique el acordonado alrededor de los lados y orilla superior de la unidad de la funda (página 65); curve los extremos del acordonado dentro de la pestaña de costura a 1.3 cm ($^1/_2$") de las orillas inferiores (flecha). Cosa la funda a la parte de atrás, dejando la costura abierta para poner el cierre. Cosa el acordonado a la orilla inferior.

8) Una las piezas del faldón dejando abierta la costura en la esquina trasera para la inserción del cierre y planche las costuras abiertas. Doble la tela por la mitad a lo largo, revés con revés y planche.

9) Planche los tablones para el faldón. Si el faldón va plegado, haga puntadas de zigzag sobre un cordón para después plegarlo, como se indica en la página 101, paso 9. Pliegue entre las marcas para los faldones haciendo grupos de pliegues.

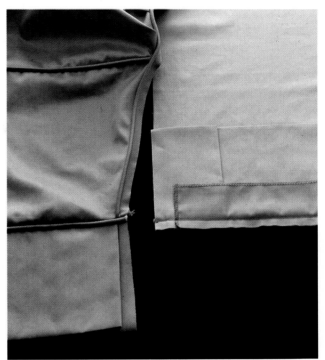

10) Prenda la tira de sujeción a la orilla superior del faldón por el revés de la pieza. Una el faldón a las piezas correspondientes. Si se trata de un faldón plegado, distribuya los pliegues de manera uniforme. Aplique el cierre (página 121). Cosa los cojines (páginas 123 a 125).

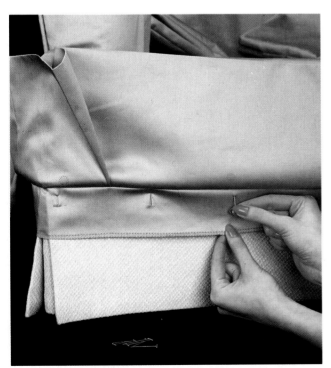

11) Acomode la funda en el mueble. Asegure la tira de sujeción al mueble prendiéndola a la tapicería con alfileres en T.

12) Meta la tela que sobra en las ranuras alrededor del asiento y parte trasera interior. Meta tiras de 5 cm (2") de espuma de poliuretano en las ranuras alrededor del asiento para impedir que se salga la tela. Meta los cojines.

Cómo coser una funda con pieza frontal en el brazo

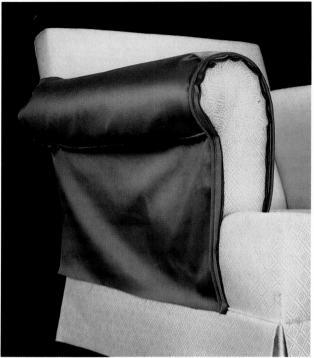

1) Haga las pinzas en las esquinas de arriba de la parte interior del respaldo. Si desea, cosa el acordonado a la orilla superior del interior del brazo. Haga la costura horizontal para unir el exterior del brazo a la parte interior del mismo. Prenda e hilvane las alforzas en la orilla del frente del interior y exterior del brazo, aplicando el acordonado a la orilla interior y exterior del brazo.

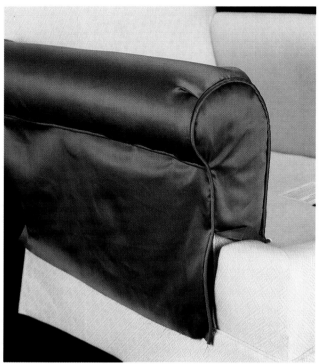

2) Cosa la pieza del frente del brazo a la parte interior y exterior del brazo, dejando de coser a 5 cm (2") de la orilla exterior del frente de la pieza del brazo.

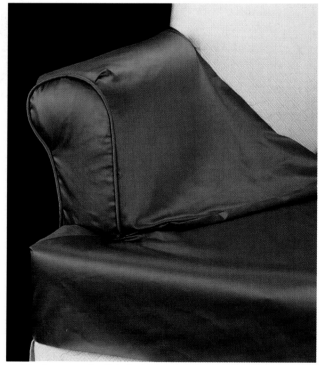

3) Siga los pasos 2 y 3 de la página 117. Prenda los pliegues en su lugar por la parte trasera del brazo. Hilvane en su lugar por la línea de costura.

4) Complete la costura vertical en la orilla del frente del exterior del brazo. Acabe la funda como se indica en los pasos 6 al 12 de las páginas 118 y 119.

Cómo colocar el cierre

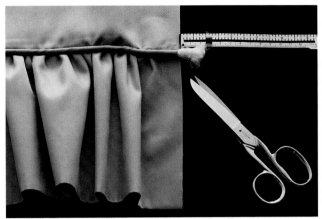

1) Jale el cordón ligeramente desde los extremos de la abertura del tablón y recorte 2.5 cm (1") de los extremos. Jale la costura para que regrese el cordón a su posición original.

2) Planche hacia el revés las pestañas de costura en la abertura del cierre. Acomode el cierre abierto por el lado acordonado de la costura, de modo que el cordón apenas cubra los dientes del cierre, dejando la jaladera del cierre en la orilla inferior. Prenda en su lugar y doble hacia adentro la pestaña de costura en la orilla inferior del faldón para formar el inglete. Doble hacia arriba el extremo de la cinta del cierre.

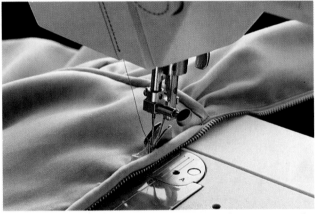

3) Haga un pespunte en la orilla del faldón y utilice un prensatelas para cierre, acomodando los dientes del cierre cerca de la orilla doblada. Cosa por la unión de las costuras donde insertó el cordón.

4) Abroche el cierre. Acomode el otro lado del cierre bajo la pestaña de costura, dejando la orilla doblada en la costura acordonada. Prenda en su lugar y doble la pestaña de costura hacia adentro por la orilla inferior del faldón para formar el inglete. Doble hacia arriba el extremo de la cinta del cierre.

5) Abra el cierre. Cosa 1 cm (³/₈") de la orilla doblada, girando en la parte superior del cierre.

Faldón con tablones. Siga los pasos del 1 al 5 que se indican arriba, pero interrumpa las puntadas en la orilla superior del faldón. Sobre el faldón mismo, cosa a través de la capa inferior del tablón hasta la orilla superior del mismo, acercándose lo más que pueda a la costura en la orilla superior del faldón.

Fundas para los cojines

Se pueden confeccionar fundas para cojines que se coloquen en bancas o asientos en ventanas, así como para sofás y sillones. Normalmente los cojines llevan acordonado en las orillas, lo que refuerza las costuras. El acordonado sencillo (página 64) es el que se utiliza con más frecuencia, pero también se puede emplear el acordonado fruncido (página 66) o el cordón en espiral (página 68).

Para facilitar la inserción del cojín en la funda, ponga un cierre en la parte trasera de la funda, extendiéndolo alrededor de 10 cm (4") a cada lado. Para los cojines que tienen tres lados a la vista, hay que poner un cierre únicamente en la parte de atrás de la funda. Utilice cierres para tapicería, que vienen en largos mayores que los cierres para modista. La jaladera del cierre queda oculta en la costura, al final de la abertura. Esta es una técnica de tapicero que le da un toque profesional.

✂ Instrucciones de corte

Corte las piezas de la parte superior e inferior del cojín con un sobrante de 2.5 cm (1") para pestañas de costura.

Los cojines en T se ajustan con alfileres, utilizando un patrón de manta, para cerciorarse de que el corte sea exacto. Corte dos tiras para cierre, cada una del largo de la cinta del cierre; el ancho de la tira para cada cierre es igual a la mitad del grueso del cojín más 2.5 cm (1") para pestañas de costura. Corte una tira para formar el cajón que mida el largo del frente del cojín, más el doble del largo del costado, aumentándole 2.5 cm (1") para pestañas de costura. Una las tiras al coserlas, según sea necesario. Corte las tiras para acordonado sencillo (página 64) o para acordonado fruncido (página 66).

MATERIALES NECESARIOS

Tela para decoración.

Cierre que mida alrededor de 20.5 cm (8") más que la orilla trasera del cojín.

Tela y cordón para el acordonado forrado, o cordón en espiral.

Cómo cortar la tela para un cojín en T

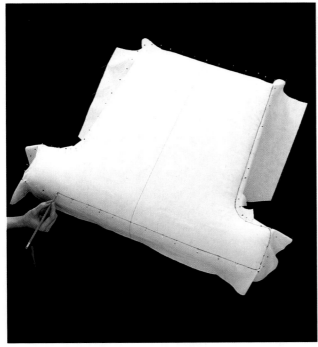

1) Corte la manta con 10 cm (4") más que la parte superior del cojín, marcando el hilo de la tela por el centro de la misma. Acomode la manta sobre el cojín y prenda por las líneas de costura, alisando la tela. Señale las líneas de costura por las marcas de los alfileres

2) Quite la manta. Rectifique las líneas de costura con una regla. Doble la manta por mitad para cerciorarse de que la pieza esté simétrica, haciendo los ajustes necesarios. Aumente 1.3 cm ($^1/_2$") para pestañas de costura. Corte la parte superior e inferior del cojín de la tela de la funda. Corte el cierre y las tiras para formar el cajón, como se indica en la página opuesta. Marque las piezas con greda por el revés de la tela.

Cómo coser una funda para un cojín de cajón

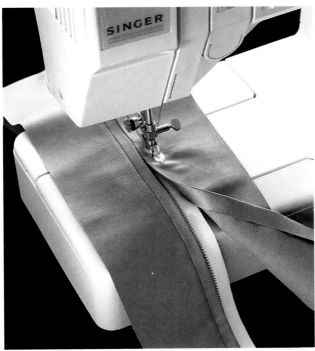

1) Planche hacia abajo la pestaña de costura de 1.3 cm ($^1/_2$") por una de las orillas largas de cada cinta del cierre. Acomode las orillas dobladas de las tiras a lo largo del centro de los dientes del cierre, con el derecho hacia arriba. Utilice el prensatelas para cierres y haga un sobrepespunte a 1 cm ($^3/_8$") de los dobleces.

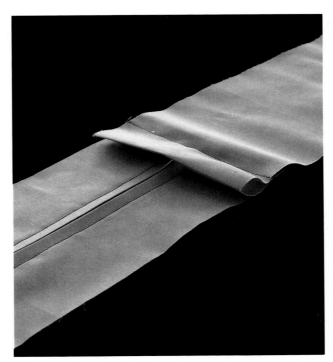

2) Planche 5 cm (2") hacia abajo en uno de los extremos cortos de la tira para el cajón. Encime la tira sobre la cinta del cierre para cubrir la jaladera del mismo. Cosa 3.8 cm (1 $^1/_2$") a través de todas las capas desde la orilla doblada de la tira para los costados del cojín.

(Continúa en la página siguiente)

3) Para confeccionar y aplicar acordonado sencillo, consulte la página 65, pasos del 1 al 5; para acordonado fruncido, las páginas 66 y 67, pasos del 1 al 7. Para el cordón en espiral, vea las páginas 68 y 69, pasos 1 al 5. Cosa el acordonado por el derecho de la parte superior y de la inferior.

4) Acomode la tira lateral sobre la parte superior de la funda, derecho con derecho, centrando el cierre en la orilla trasera. Empiece a coser a 5 cm (2") del extremo del cierre, empujando el cordón. Recorte las esquinas al llegar a ellas y deje de coser a 10 cm (4") del punto en que empezó a coser.

5) Haga cortes para marcar las pestañas de costura en los extremos de la tira lateral del cojín. Una los extremos de la tira. Recorte la tela sobrante y marque la costura, abriéndola con los dedos. Acabe de coser la tira lateral del cojín a la parte superior de la funda.

6) Doble la tira lateral y haga cortes en la pestaña de costura para señalar las esquinas inferiores. Cerciórese de que todas las esquinas están alineadas con las esquinas de la parte superior de la funda. Abra el cierre.

7) Acomode la tira lateral y la parte inferior de la funda juntando el derecho de ambas. Haga coincidir las marcas en la tira lateral del cojín con las esquinas marcadas en la parte inferior del cojín. Voltee el derecho hacia afuera.

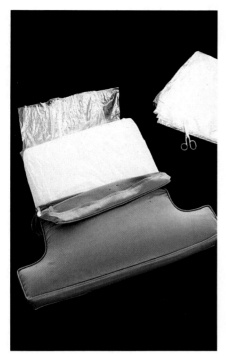  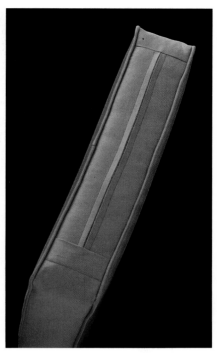

8) Doble el cojín para meterlo en la funda. Si es necesario, envuelva el cojín con plástico para que se deslice con más facilidad y, una vez que lo meta, saque el plástico.

9) Estire la funda del frente a la parte de atrás. Abroche el cierre. Alise el cojín del centro hacia las orillas, estirando el acordonado de una esquina a otra para cuadrar el cojín.

Otro lugar para el cierre. Si el cojín queda a la vista por tres lados, cosa el cierre en la parte de atrás de la funda, sin que se extienda a ambos costados.

Cómo casar una tela estampada en un cojín de cajón

1) Corte la parte superior de la funda y la tira lateral para que el dibujo coincida en las líneas de costura del frente. Haga muescas en las esquinas del frente sobre las orillas superior e inferior de la tira lateral.

2) Cosa primero la tira lateral uniéndola a la orilla del frente de la parte superior de la funda. Siga cosiendo después la tira lateral, para acabar de unirla a la parte de arriba y de abajo del cojín.

Índice